U0516420

美 国 教 育 家

希 利 尔 人 文 启 蒙 经 典

希利尔
写给孩子的

▶ 世界地理 上

V. M. Hillyer

[美] V.M.希利尔/著　王玥/译

天 地 出 版 社 | TIANDI PRESS

FOREWORD
前 言

希利尔（V.M.Hillyer）

美国著名儿童教育家，"卡尔沃特教育体系"创建者，
毕生从事中小学教育工作，在美国教育领域拥有不可动摇的崇高地位。

　　如果我告诉你，这套书其实是一套教材，你会相信吗？当然，这并不是一套枯燥乏味、让孩子望而却步的教材，而是一套深受孩子喜爱、能够激发孩子阅读兴趣的教材。这套书自1924年首印到今天，一直不停地再版，并被翻译成多国语言，风靡全世界。我们编译这套书的目的，就是为了将这种全新的教育方式带给中国的孩子，让知识走进孩子的世界，激发他们对知识的兴趣与渴求。这套书共六册，分地理、历史和艺术三大块内容。在《希利尔写给孩子的世界地理》中，希利尔化身为一位资深的旅行家，带领孩子们进行一次精彩的环球冒险，领略世界各地的风土人情。在《希利尔写给孩子的世界历史》中，希利尔以独到的视角、幽默的语言，为孩子们呈现出一幅幅迷人的历史画卷，让孩子们全面、深入地了解人类发展的每一个历史足迹。在《希利尔写给孩子的世界艺术史》中，希利尔为孩子们搭建起一座巨大的博物馆，孩子们不仅可以看到全世界最漂亮、珍贵的艺术作品，还能了解它们背后的故事。因作者时代原因，尽管有些内容与现状不符，但是本套书仍不失为经典之作。

　　如果你渴望获得知识，却又讨厌死板、教条的语言，不妨读一读希利尔的这套书，相信你会徜徉在知识的海洋里，快乐得不能自拔！

如果我们飞到太空中，就能用望远镜好好观察一下地球了

献给

一位9岁的小朋友，

他说："我多么希望世界上再多出成百上千个国家呀，

这样你就能一直讲给我听了。"

如果你不满**15岁8个月零3天**的话

请略过这篇介绍文字

///

本书是为下面这些人而写的：

认为天堂在我们头顶上的天空，地狱在我们脚底下的地下；从来不知道伦敦和巴黎，觉得丹麦不过是一种小狗（译者注：丹麦人的英文是"Dane"，看起来很像小狗的名字）。

本书将以旅行者的视角去观察这个世界，而非以一种商业的眼光。

它将告诉你，在遥远的地平线之外还存在什么；除七大奇迹之外，世界上其实还有很多很多的奇迹。

我的童年时光是在新英格兰度过的。每到感恩节时，那里的人们就能吃到六种馅料的甜饼，它们分别是苹果馅、桃子馅、蔓越莓馅、奶油冻馅、碎肉馅及南瓜馅的。虽然这些口味我都很喜欢，但是我只能从中挑选两种。一直以来，我都没有做出令自己百分之百满意的选择。当我写这本书时，我也遇到了同样的难题，我不知道该如何选择所要讲述的地点或主题。你知道，世界上有非常多"最重要"的地方需要在一开始的概览中讲到，所以难免会出现以下的情景：一些读者可能会觉得奇怪，为什么有的国家、有的地方被我忽略掉了，尤其是当这位读者就是那个地方的人时。

当我还是一个孩子的时候，我觉得"地理"实在是一个令人讨厌的词语，它与气候、贸易、工业以及各种各样的特产联系在一起。世界上每个地方都有特产，但不外乎是玉米、小麦、大麦、黑麦，或是黑麦、大麦、小麦、玉米。在我的印象中，希腊却是个特例——我觉得那里不产玉米、小麦、大麦、黑麦。地理似乎成了"胃"的地理（只谈论与吃有关的东西），却忽视了它的"头"和"心"。

我喜欢看地理书只是因为里面的图片和地图，我很讨厌里面的文字。那些文字读起来枯燥无比，只有偶尔一两段描写和叙述的文字还能让人勉强读下去。里面那些大标题、二级标题、三级标题让人看得晕头转向，什么家庭作业、注释、认知地图、认知图片、给老师的建议、帮助、指导、问题、评论、练习、背诵、课程……都提不起我的兴趣。

当我开始上学之后，地球对于我来说就像一个橙子。我学习过很多关于它的知识，但最后我能够清楚记得的只有三件事：荷兰的小孩子会穿着木靴子，因纽特人住在冰雪搭建的房子里，中国人使用筷子吃饭。

就像数学课上有乘法口诀一样，在地理课上也会有一些问答题。老师常常捧着书本对我们念出这样的问题："美国人的生活状态是什么样的？"13岁的小男孩紧接着回答："他们生活贫穷，性格粗犷，住在简陋的雪屋里。"这个回答着实令人震惊，老师却不动声色："不对，这应该是下一个问题——'因纽特人如何生活'的答案。"

等到我来教小孩子地理时，我发现了一个问题，目前的书不是过于商业化、世俗化，就是太过刻板、幼稚。书中的统计数据和抽象叙述远远超过了一个9岁孩子的理解范围，然而随意地讲述生活在其他国家的小孩子的故事对地理教育也没有任何意义。

可以说，我是一个资深的旅行者，我游历过许多国家，走过的道路加起来足以绕地球五圈，所以我也该出一本自己的地理书。但事实证明，我太自负了！一次，我对一个班的学生讲述我的旅行见闻，尽管我事先毫无准备，但学生们的注意力全都被我吸引了，他们听得津津有味。于是，我让一个速记员将我讲课的内容一字不落地记录下来。但是当我拿着记录照本宣科地讲给另外一个班级听时，我意识到一本书只有成书后才能算是真正的好书。我得不断地完善它，因为孩子的反应是无法预料的，谁也不能清楚地道出孩子的想法，不可能讲一次就让他们理解。比起恐怖的、骇人的词语，孩子们更容易对一些简单的词语产生误解。

在课堂上，我给孩子们读过一本专门写给他们的旅行书，这本书里写道："我们到达目的地时，又累又饿，便找了家旅店安顿下来。"孩子们却理解成"在旅店里捡了25美分的硬币"（译者注：在英语中，"find quarters"是"安顿"的意思，而"quarter"又有"25美分"的意思）。接着，我又向他们讲述了威尼斯的叹息桥（译者注：英语为"bridge of sighs"），以及那些死刑犯过桥时的情景。然后，我问他们：谁能告诉我它为什么叫叹息桥？"因为它尺寸大！"一个男孩回答。"不，因为它有很多边。"一个女孩纠正他。第三个孩子说："因为他们使用镰刀。"（译者注：尺寸、边、大镰刀的英文分别为"size""sides""scythes"，它们的发音都与"sighs"相同或相似，所以孩子们才会这样回答。）

对于大部分孩子来说，研究地图是一件充满趣味的事情。在他们眼中，地图就像是一个迷宫——尤其是新的地图。地理对于孩子而言，意味着一种探索。他们可以从杂志、报纸、旅游局的宣传页等媒介上搜集各种图片，并按照国家将它们做一个分门别类的剪贴簿。这些图片可以是关于印度的神庙、中国的宝塔，也可以是关于非洲的野兽、巴黎的公园等，把这些图片整理起来，就能制作出一本属于自己的地理杂志了。当男孩子长到一定年纪时，他们可能还会爱上收集邮票或是其他物品，这种爱好甚至可以持续到成人以后。

当然，我觉得旅行才是学习地理的最佳方法。不过，可不是商务人士那种行色匆匆的方式——他们往往只花一个小时就参观完了一座城市，可能前脚刚到，后脚就得走了。

小时候，我生活的小镇上有一个老头，他说自己这辈子从来没有到过离家15千米外的地方。但是现在，旅行是一件非常简单的事情，每个人在小时候就已经拥有外出旅行的心愿了。这本书就是送给那些怀揣着旅行梦想的人的，希望他们能从本书中获得一些启示，了解世界上哪些地方值得一去。等到他们心愿实现的那天，也不至于进行毫无意义的旅行。看看那些海员吧，虽然他们去过很多地方，但当他们归来的时候，也只是带回一只鹦鹉或是一串玻璃珠子罢了。

美洲驼

"欢迎您，请上车"

CONTENTS
目 录

食品杂货店

望远镜中看世界

■ 地球

如果我问你，你能看到自己的脸吗？你一定觉得这个问题太奇怪了，先不要说出答案，我们一起来试试看吧！

你能看到自己小小的鼻头；嘟起嘴巴时，你能看见嘴唇；张开嘴伸出舌头，你还能看见那红润的舌尖。但是无论如何，你都看不到自己完整的脸。

当然，你可能不服气，说："我能从镜子里看见我自己的脸！"但事实上，那只是你的脸的影像罢了。

同样，没有人可以看到地球的全貌，看到我们生活的整个世界。

当你爬上山顶或是乘坐飞机，你能看到很多很多的景物，甚至是一整个小镇。但是即便如此，你还是不能看到整个世界。就算你站得再高，高过山峰、云端，甚至站到星星上面，你还是不能看到世界完整的模样。

那么，我们怎么能知道地球长什么样呢？

"地球就是一个超大无比的水池！我哪儿都去过！"海洋里的鱼也许会这样告诉它的宝宝。

"地球就是一个布满沙子的巨大沙漠！我哪儿都去过！"沙漠中的骆驼也许会这样告诉它的宝宝。

"地球就是一个特别大的冰箱，里面全是冰和雪！我哪儿都去过！"冰山上的北极熊也许会这样告诉它的宝宝。

"地球就是一片望不到边际的大森林！我哪儿都去过！"森林里的狗熊也

许会这样告诉它的宝宝。

同样，很久很久以前，我们人类告诉自己的宝宝："世界就是一座无边无际的岛屿，就像一个用泥巴捏出来的大馅饼，上面有海洋、森林、冰川、沙漠……头顶上还有个大罩子——天空，我们就生活在这里面。"

不少孩子都对此深信不疑，当然，也会有一些"好奇宝宝"问："那这个像馅饼一样的世界又是在什么上面呢？"为了满足孩子的求知欲，大人会说："在四头大象的背上。"孩子又追问："大象又是在什么上面呢？"大人一本正经地回答："被乌龟驮着呢！"

"好奇宝宝"并不罢休，继续追问："那乌龟呢？"但是，这次没有人能给出答案——只剩下乌龟孤零零地飘在空中。

当然，这个故事已经十分古老了。现在，请你闭上眼睛想象一下：你走出家门，走了很远很远，一直走到了云朵上面，你坐下来，往下看这个世界。你觉得它像什么呢？

如果在空中透过一架望远镜来看地球，地球就像一轮又圆又白的月亮，圆是那种大雪球一样的圆，白是那种很亮很亮的白——是太阳光把它点亮的，就像是夜晚的汽车灯照在公路上一样。当然，太阳光一次只能照到地球的一面，此时，另一面就是黑漆漆的。不过不用担心，地球会围着太阳不停地转动，所以并不会存在一面永远明亮、另一面永远黑暗的情况。

通过望远镜——这个神奇的镜子来看我们的地球，我们就能很清楚地看到地球的样子了。我们会看到地球上好几块大大的补丁，一面上有两块，另一面上有四块。咦，这些补丁是什么呢？原来它们就是我们所生活的大陆。"大陆"是它们共有的名字，实际上，人们还给它们分别起了名字。如果我们把这些名字写成高达1000千米的大字立在那里，再举起望远镜看一看，我们就能在地球的这一面——就是有两块补丁的那一面，看到两个名字：北美洲、南美洲。

当地球转动到另一面时，我们就会看到另外四块补丁，上面分别写着：欧洲、亚洲、非洲、大洋洲。当然，不要忽略了地球的最底端，那里还有一个洲——南极洲。

通常，我们把硬币分成正、反两面，正面就是印着人头的那一面，它的另一面则是反面。但是地球并没有办法区分正面、反面，因此我们用另外的两个词——东半球和西半球，来称呼地球的两面。东半球那面有四个洲——欧洲、亚洲、非洲和大洋洲；西半球那面有两个洲——北美洲和南美洲。

除了这两个半球，我们还将地球的顶端和底端分别叫作北极和南极。你知道吗？这两个地方常年都被厚厚的冰雪覆盖，寒冷极了！

地球上并不是只有几块"补丁"，除此之外，地球上还有水——我们称之为海洋，它占据了地球的大部分区域。虽然这些水并没有被什么东西隔开，但它的每一部分都有属于自己的名字。

你可以区分左右吗？如果你超过3岁，就肯定可以。那么，你能区分东西吗？如果你超过9岁，就应该可以。如果不可以，也不要着急。这里有个很好的方法：我们都知道，太阳是从东方升起、从西方落下的。那么，我们就能借助太阳来辨别方向。我们先在原地站好，然后将右手对着东方，将左手对着西方，那么此时此刻，我们的脸对着的方向就是北方，背对着的方向就是南方。

是不是很简单？好啦，现在我们已经能很轻松地分辨东南西北了。如果将北美洲和南美洲作为参照物，它们的西边就是太平洋，东边就是大西洋，大西洋的东边连接着印度洋——这可不是以美国的"印第安人"命名的。在地球最顶端的就是北冰洋，最底端的将南极洲包围起来的就是南大洋啦！南极和北极的气温实在是太低了，所以那里有许多常年不化的冰。

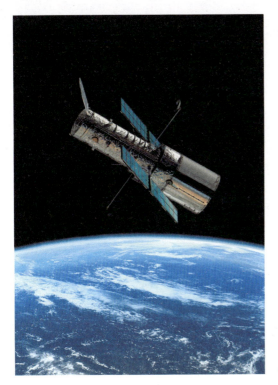

太空中的卫星与地球

我们在地图上可以清楚地看见每个大洋的名字，然而人们并不能把这些名字标在地球上——这简直就是不可能完成的任务，比登天还难！

当然，你不必纠结我是先介绍北美洲，还是先介绍南美洲，地球本身并没有上下之分。如果要把北美洲放在最后讲，也是可以的，只要按照习惯来介绍就好了。至于为什么常常将北方放在上面，我想大概是因为制作地图以及地球仪的人大多生活在北半球吧——谁不想自己生活的地方是在上面呢？

这就是我们生活的地球。看到这里，或许有人会问："除了地球，还有别的可以供人类居住的星球吗？"也许大多数人的答案是肯定的，他们或许会想：夜空中那些一闪一闪的星星上，可能会有人居住呢！但是真正的答案并没有人知道，即使我们用最高级的望远镜，也无法看到那么遥远的星星上的事物。因此，我们只能靠猜测了。

🟠 浩瀚宇宙中的地球

沼泽上建首都

■ 美国：华盛顿

美国国会大厦

如果给你一顶帽子，你会把它戴在哪里？你的回答肯定是头上。

其实，很多词语都有"头"的意思。比如"上尉"也有"头"的意思，因为他是士兵的"头"；首都也有"头"的意思，因为它是一个国家的"头"。

小的时候，我居住在美国的首都，那可不是国会大厦（译者注：首都的英文"capital"与美国国会大厦的英文"capitol"读音相同）。它们虽然发音相同、词形相近，却是两个完全不同的词。首都指的是一座城市，国会大厦则是一座建筑。当然，我是不可能住在国会大厦的，即便是美国总统也不可能。

美国建国之初，人们要找个地方建立首都，一共有八个地方作为候选城市。但最终的结果非常出人意料，一块沼泽地获胜了。当然，它获胜的原因是它刚好处于美国当时的中心位置。后来这里建起了一座城市，叫华盛顿，它是以美国第一任总统乔治·华盛顿的名字命名的。当我还是一个小孩子时，人们还把华盛顿这个地方称为"沼泽地"，现在应该没有人再这么叫了，因为华盛顿已经成为世界上最漂亮的城市之一了。虽然它是以乔治·华盛顿的名字命名的，但乔治·华盛顿生前并没有在这里居住过，而是住在一个叫弗农山庄的地方，距离这里大约16千米远。如今，华盛顿距离美国的地理中心位置大约已经超过了1000千米。不过，这并不是因为华盛顿的位置发生了变化，而是美国的领土面积扩大了，中心位置自然也就随之变化了。

令人称奇的是，美国并不是只有一个"华盛顿"，而是有28个。首都华盛顿在哪儿呢？从地图上看，似乎是在马里兰州，但实际上，华盛顿不属于任何一个州，而属于一个特区——哥伦比亚特区（译者注：英语为"District of Columbia"），简称D.C.。人们是以美洲大陆的发现者哥伦布来命名这个特区的。如果你要往首都华盛顿寄信，你必须在"华盛顿"的后面加上"D.C."，否则你的信可能会被寄到别的华盛顿去。

在小时候的我的眼里，国会大厦可以算是世界上最美丽的建筑了。但当我领略过世界上许多美丽的的建筑之后，我就不这么认为了。小时候，我还经常玩这样一个游戏——用沙子堆建一个我想象中的国会大厦。我先在鞋盒里装满湿沙子，再用手使劲压实，然后把盒子扣在地上，小心翼翼地拿起鞋盒，以免沙子散开。最后，再按照之前的方法，用水杯做个圆形的屋顶。一个我心中的国会大厦就建成了。

我曾经认为所有的国会大厦都是圆顶的，但事实并非如此——我也是最近才知道，最早的圆顶建筑应该是教堂，而不是国会大厦。小时候的我很喜欢爬到圆屋顶上俯瞰整座城市，这样做很有趣，街道上来来往往的行人看起来就会像蚂蚁一般大小。

美国的国会由参议院和众议院组成，前者在国会大厦内的南侧，后者在北侧。在这两院里，议员们像小学生一样坐在座位上，讨论着与国家有关的各种事情。美国的法律就是由这些人制定出来的，凡是美国人都必须遵守。参议院的人被称为参议员，众议院的人被称为众议员，参议员和众议员并没有性别限制，男性和女性都可以公平竞选。

无论是得克萨斯州这样的大州，还是罗得岛州这样的小州，每个州都要选派两名参议员前往位于华盛顿的国会。另外，每个州也要选派众议员进驻国会，但是名额不仅限于两个，而是根据每个州的人口来定。比如，纽约州的人口数量较多，那么选派的众议员就多；而有些州的人口数量非常少，所以就只有一个名额。每当国会会议正在举行的时候，国会大厦的屋顶上就会升起一面旗帜。

在国会大厦的不远处，有一座非常雄伟的建筑，建筑上方是一个金色的圆形屋顶，这就是美国的著名建筑之一——美国国会图书馆。如果你在美国出了一本书，你就必须寄两册到这里，从而取得国会图书馆授予的"复制权"。只要你拥有了这项权利，就意味着其他人或者其他组织在没有经过你的许可时，不能私自复制或者印刷这本书。国会图书馆的藏书量不可小觑，它的藏书比世界上任何一家图书馆都要多。

你仔细观察过你家的照相机、电视机或者其他电器吗？你能否在上面发现"专利"这个词呢？就像出书会拥有版权一样，如果你在美国发明了一种新东西，不管这个东西是一支笔、一架飞机还是一个老鼠夹，你都要将这个东西的模型送到首都华盛顿的专利局去申请"专利"。当专利局的工作人员确认你这个东西是一件新东西，并且没有任何人曾做过类似的东西的话，专利局就会授予你这件东西的"专利"。也就是说，只有你才有权利生产和销售这种东西，其他任何人未经你的允许，都不能制造或贩卖这种东西。如果你觉得所有发明都是非常实用的，那你就大错特错了。有些发明真的非常稀奇古怪，比如曾经有人发明了一种用铁脚走路的蒸汽机。当我还是一个小孩子时，我也发明过一种东西——"瞬间弹回"手帕。它的设计很简单，只要在手帕上系一根橡皮筋，当我擦完鼻涕的时候，手帕就可以自己弹回我的口袋里。不过，我并没有去专利局申请专利。

在华盛顿，有一条非常著名的"游行街"，那就是宾夕法尼亚大街，因为这里常常有一些规模庞大的游行队伍经过。队列、游人、飘扬的旗帜在这里形成了一道亮丽的风景线。这条街从国会大厦一直延伸到一座外观酷似银行的建筑，全长大约1.6千米。而那座好像银行的建筑实际上是财政部，它的职责就是保管国家的钱财。面额10美元的纸币上就印着财政部大楼的图案。我们都知道，"U.S."是美国（译者注：英语为"United States"）的简称，而美元的符号也由这两个字母表示——把"U"写在"S"上面，再切掉"U"的一大半，这样就是"$"了。

印刷纸币和邮票的地方，则是在另外一座大楼里。

如果你有机会去那里参观，导游可能会这样对你介绍："看见那边那个工人了吗？对，就是正在摇印刷机手柄的那个，他一天能创造出100万美元的财富呢！"

"天哪，他一定是世界上最富有的人吧！"

"噢，不，别误会，他一天的工资实际上只有50美元。"

虽然都是货币，但金币、银币和铜币并不是在这里制造的，而是在铸币厂里制造的，铸币厂也不在首都华盛顿。

小时候，我曾经拥有一个属于我自己的"博物馆"。别误会，它其实只是个旧书架而已。这个"博物馆"里收藏了许多宝物，有贝壳、海星、鸟窝和金色的石头，等等。说到博物馆，那就不得不提到位于首都华盛顿的美国国家博物馆。那是一个非常大的博物馆，里面搜罗了很多来自世界各地的琳琅满目的奇珍异宝。

在美国，你能见到许多白色的房子，其中有一座最为与众不同。你能猜到吗？没错，那就是白宫——美国总统居住的地方，20美元的纸币上面就印着它的图案。在白宫的后花园里，有一座纪念碑，那就是为纪念美国第一任总统乔治·华盛顿而建造的纪念碑。华盛顿纪念碑高170米左右，看起来就像是一根巨大无比的手指头，在世界上众多的单块石雕作品中，华盛顿纪念碑是最高的。如果你想去碑顶上看看，可以有两种选择：一种是乘坐电梯，另一种是爬

● 它们都是华盛顿最具代表性的建筑

白宫

华盛顿纪念碑

楼梯。如果让我选择，我会选择爬楼梯，因为我很想跟电梯比试比试，看看到底谁更快一些。你知道吗，下楼梯时我能一下子跳过六个台阶，不比电梯慢多少呢！

在华盛顿纪念碑前，有一个名叫反省池的水池，它像镜子一样呈现着纪念碑的倒影。在池子的另一边，有一座四周被圆柱环绕的大理石建筑，那就是鼎鼎大名的林肯纪念堂，它是为了纪念美国第16任总统林肯而建的。5美元的纸币上就印着这座建筑，而另一面则是林肯头像。林肯出生在一个又小又旧的木屋之中，家境十分贫困。尽管如此，他还是成了美国总统，而且是美国历史上最著名的总统之一。在他任职期间，美国分裂成了南方和北方两个对立的阵营，爆发了激烈的战争。就在国家随时面临分裂的关头，林肯挺身而出，成功地维护了国家的统一。因此，爱戴他的人民为了纪念这位伟大的总统，为他修建了这座纪念堂。纪念堂里摆放着一尊坐在椅子上的林肯雕像。他安静地坐在那里，注视着前来瞻仰他的人们，注视着这片土地，就好像他的精神永远留在了美国人民的心里。

如今，林肯纪念堂依然能迎来许多前来参观的人

帝国之州

■ 美国：纽约州

在许多人眼里，纽约州就像是一个帝国一样，拥有无数人才、众多有实力的公司以及巨额财富，是当之无愧的"帝国之州"。

人们所熟知的纽约就位于纽约州的南部，它是世界上经济最发达的城市之一。这座城市拥有非常多的商店、高楼、酒店、财富和人口，恐怕世界上还没有哪个城市能够与它相比。但是有件事你可能并不清楚，这座令美国人无比骄傲的城市，其实是以英国的一个叫"约克"的地方命名的。在很多年以前，许多来自英国约克的移民到达了美国，他们便把自己居住的地方叫作"新约克"，也就是现在的纽约市。不过，现在的纽约可比曾经的"新约克"大多了！别看纽约的百万富翁很多，其实这里也有许多穷人。毫不夸张地说，有些没有去过纽约的人甚至以为纽约的街道都是用黄金铺成的，但当他们真正到了纽约，就会大失所望，因为他们只能看到普通的柏油马路。

纽约市有个非常重要的岛，叫曼哈顿，那是印第安人为它起的名字。当时的白人只花了24美元就从印第安人手里买下了这座岛。更令人吃惊的是，他们所花的钱并非美元，而是一些不值钱的珠链和小饰品，因为那时的印第安人根本不知道"钱"是什么东西。现在的曼哈顿可值钱多了，仅仅一双脚所占的面积大概就比当时整座岛的价钱贵了不知道多少倍。你可能会觉得诧异，那么小的一块地方竟然如此昂贵！这是因为如果你拥有一块土地，那么这块土地的地上和地下都是属于你的，包括地面的上空。正是因为纽约城寸土寸金，所以人们才建造了许多摩天大楼，不管你盖的楼是五十层还是一层，所占的土地面积都一样大。

纽约城一定拥有全球最顶尖的建筑设计师，因为这里的房子又高大又漂亮，就像《格列佛游记》里大人国的房子一样。纽约的摩天大楼巍峨耸立，毫不惧怕风雨雷电的侵袭，就像巨人一样，安静地凝视着过往的行人。这些大楼都是人们用勤劳的双手所建的，它们无不象征着纽约人"追求更高"的精神。在纽约，还有一座不得不提的建筑，那就是帝国大厦，它是纽约最漂亮的建筑之一，共有102层，在好长一段时间里它都是全球最高的建筑。

纽约还有几栋建筑可以算是全球的"国会大厦"，因为这里召开过许多国际会议。第二次世界大战结束后，许多国家都提议举行一次国际会议，来避免第三次世界大战的爆发。于是，这些国家的代表纷纷来到了旧金山，参加了这个会议。会上，他们讨论了与所有国家相关的问题。当两个国家因意见不统一而发生矛盾时，其他国家的代表就会帮他们去调解，这就是"联合国"。联合国的办公地点就设在纽约，也就是我刚才所说的那几栋建筑。

在联合国会议上，代表们使用自己国家的语言发言，根本不用担心有人听不懂。这是为什么呢？原来，与会的代表都配有一个特殊的耳机，能听到被翻译过的发言。翻译人员需要掌握两门以上的语言，因为他们需要在听到一种语言之后，将它翻译成另一种语言，再通

高耸入云的帝国大厦

过话筒传到代表的耳机里。去不了现场的观众，则可以通过电视来观看会议直播。

布鲁克林大桥

众所周知的自由女神像就坐落在纽约港的一座小岛上。自由女神左手捧着一本法典，右手高举一把大火炬。你知道吗？她的手有近5米长呢！我想，和她握手的感觉一定很奇妙吧！她的一根手指也有2米多长，如果要给她戴戒指，那戒指得多大呀！她的鼻子和嘴分别是1.2米长和0.9米宽，

🔴 布鲁克林大桥刚建成时，人们都不敢在上面行走

假如她能呼吸、能讲话，她的鼻子一定很灵，说话的声音一定传得很远。自由女神像里面是供人参观的，人们可以乘坐电梯到达她的王冠或是火炬里，火炬里面最多能容纳十几个人呢！自由女神像可以说是美国的象征，每次游船经过这里，人们都会兴奋地喊："自由女神啊！我终于回家啦！"离开美国时，人们也会向自由女神像挥手告别。

曼哈顿岛附近有两条河流，东面是东河，西面是哈得孙河。东河上有一座桥，桥身用钢铁拉住，桥下没有支柱，这种桥叫"吊桥"。这座桥的另一头有一座叫布鲁克林的城市，因此，人们把这座桥叫作布鲁克林大桥。你可别小看它，它可是当时世界上最长的悬索桥，也是第一座以这种形式建造的大桥，即便是最大的船也能轻松通过。但是在刚建好时，人们并不敢从这座桥上走过，他们说："开什么玩笑，让我走在这种用绳子吊起来的桥上，多不安全！哪怕这绳子是用钢材做成的，也很可怕啊！"每当有汽车疾驰而过时，桥身确实会有些晃动，但桥依然好好地吊在那里，并没有掉下去。如今，东河和哈得孙河上还建了其他的大桥，都可以通往纽约城。人们还在哈得孙河的河底挖了一些如同管道一般的河底隧道，以方便人们出行。

纽约还有两条在全球都十分有名的街道，它们分别是百老汇大街和第五大

道。最开始，百老汇大街只不过是一条很短的街道，不过因为它很宽阔，所以人们就管它叫"百老汇大街"，而"百老汇"的意思就是"宽阔的街"。现如今的百老汇大街要比从前长了许多，你可能会想：那是不是要改叫"百老汇长街"了呢？每当夜幕降临时，这条街的某一段路就会有几千盏灯和广告牌同时亮起，将整个街道照得灯火通明。因此，人们便把这段街道称作"白色大道"。对于时尚人士来说，第五大道就如同天堂，这里是时尚的代名词，你能在这里找到全球最奢华、最昂贵的商品，所以第五大道也有"时尚大道"之称。

纽约城寸土寸金，整座城市十分拥挤，所以人们一般会选择坐地铁出行。纵使纽约城的地价十分昂贵，依然建有两个非常大的公园，可以让在城市里生活的人们享受到轻松、愉快的自然生活。这两个公园就是中央公园和布朗克斯公园。中央公园占地足有几个街区那么大，被称为纽约的"后花园"。而布朗克斯公园里还有个动物园，里面有许多来自世界各地的珍奇动物，这里不仅是人们的乐园，更是野生动物的天堂！

曾经，有一个外国人来到纽约，花了一天的时间来欣赏纽约的风景。晚上，他还想去尼亚加拉瀑布看看，因为他听说那里是全世界最壮观、最漂亮的瀑布。可是有人告诉他，从这里出发的话，要坐一整晚的火车才能到达目的地。他非常吃惊："我听说尼亚加拉瀑布就是在纽约呀！""你说的没错！"那人回答，"只不过它是在纽约州的另一端，而不在纽约市。"

尼亚加拉瀑布的一部分

🟣 尼亚加拉瀑布看起来十分壮观

伊利湖和安大略湖这两个著名的湖泊就位于纽约州的西部，它们的名字都来自印第安语。如果是从地图上看，你会发现伊利湖是在安大略湖的下面，然而实际上，安大略湖的地势要比伊利湖的地势低得多。正是伊利湖的水从高而宽的悬崖上倾泻而下，流入安大略湖，才形成了尼亚加拉瀑布。虽然尼亚加拉瀑布并不是世界上最高、最大的瀑布，但在游客眼里，它是最美丽的瀑布。许多来自世界各地的游客慕名来此度假，欣赏它的美景。尼亚加拉瀑布发出的响声十分巨大，你在几千米外都能听到。如果你恰逢晴天来到这里，那可再幸运不过了，因为你将会看到水雾中呈现出绚烂的彩虹。

每天，这里都会迎来好几千位游客，每1000位游客中：

358个人会说："简直太漂亮啦！"

247个人会说："太壮观啦！"

136个人会说："美得让人惊讶！"

93个人会说："真是太棒了！"

45个人会说："我简直不敢相信我的眼睛！"

24个人除了发出"啊"的感叹，便再也说不出话来了。

其余的人则只会发出"哇"的赞叹。

一直以来就有不少人想从瀑布上跳下去，后来竟然真的有人这样做了，而且还成功了。但是，船只并不能像这样直接从伊利湖开到安大略湖。聪明的人们便在瀑布旁边开凿了一条连接伊利湖与安大略湖的运河，还在水中建了一些台阶。这样，船只就可以通过这条河从伊利湖到安大略湖，或是从安大略湖到伊利湖了。这条河就叫作韦兰运河。

或许你会有一些疑惑，船是怎样从这些台阶"走"上去、"走"下来的呢？河里的这些台阶其实叫"水闸"，就像一个巨大的浴缸。你在浴缸里玩过纸船吗？如果你往浴缸里蓄水，水面会增高，纸船就会升高；如果慢慢放掉浴缸里的水，纸船就会随水面降低而下降。水闸和船也是利用了这样的原理。当船要从伊利湖到安大略湖时，只要放出水闸里的水，船就会随水面下降，到达安大略湖。相反，只要将水闸里的水注满，船就能随着水面增高，从而返回到伊利湖。

很久以前，如果人们想乘船从伊利湖前往纽约城，必须要经韦兰运河驶入安大略湖，再进入圣劳伦斯河才能到达。后来，人们想出了一个节省时间的好办法，开凿了一条将伊利湖与哈得孙河连接起来的运河——伊利运河。这条运河贯穿了纽约州，是世界上最长的运河之一。

人间仙境

■ 科罗拉多大峡谷/黄石公园

悬崖住所

你看过《爱丽丝漫游仙境》这个童话故事吗？故事描绘了一个非常令人向往的仙境，但那只是虚幻的。不过不要失望，我要告诉你一个真实的"仙境"，它就在美国的西部地区，它的名字叫科罗拉多河。

虽然名字叫科罗拉多河，但它并不在科罗拉多州，而是在亚利桑那州。这条河所在的河谷是世界上最深的河谷，最深处超过2100米，在美国的西班牙人称之为"峡谷"。当你站在科罗拉多大峡谷上往下看时，它就像一条细细的线条。你一定想不到，如此壮观的大峡谷，竟然是科罗拉多河长时间以来一点一点冲刷出来的。我曾经在游玩的时候问导游："峡谷的这边到那边的距离是多少？"

"嗯……"导游想了想说，"非常非常远！"

站在峡谷的一边，你可以看到另一边的高高的岩壁。岩壁是一层层堆积出来的，每一层的颜色都不相同，有黄色、绿色、橙色、红色和紫色，在阳光的照耀下，显得绚丽多彩。这些岩石都是砂岩或石灰岩，是亿万年前海底的物质沉积形成的，里面含有丰富的铜、铁等矿物质。如果岩石中含有铁元素，就会在水的作用下生出红色的铁锈；如果岩石中含有铜元素，就会在水的作用下生出绿色的铜锈。正因为如此，整个岩壁才会呈现出五颜六色的光彩，仿佛仙境一般。

去科罗拉多大峡谷参观，有一样纪念品你不得不买，那就是"铅笔"。或许你会奇怪，一根铅笔有什么大不了的呢？其实，这并不是我们平时见到的铅笔，而是一个观察大峡谷的工具。这根铅笔的顶部有一个针孔大小的小眼，通过这个小眼，你就能看到整个科罗拉多大峡谷的美丽风光。怎么样，是不是很神奇？

如果你乘船在科罗拉多河上行驶，一定要向四周看一看，你会惊喜地发现在峡谷的岩壁上有许多岩洞，那些岩洞就是以前的人居住的房屋。那些人被称为"悬崖居民"。很久之前，他们为了躲避战乱、寻求安全，才在陡峭的岩壁上修建房屋。

犹他州位于科罗拉多大峡谷的北面，那里有一个很大的湖——大盐湖。从名字就能看出来，虽然同样是湖，但它与"五大湖"并不相同，它是一个咸水湖，而"五大湖"则是淡水湖。不过，虽然它叫"大盐湖"，但它其实是海，一个很小的海，就像其他海一样，只有流入的水，而没有流出的水。

你可能会问，为什么大盐湖是咸的呢？

其实原因和海水一样。

你可能又会问，海水为什么是咸的呢？

这是因为泥土中含有盐分。

当你不小心摔倒时，你尝过泥土的味道吗？如果你尝过，你就会知道泥土是咸的。当河水流过地面时，会将一部分盐分带走，你尝不出河水里的咸味，是因为盐分实在是太少了。但是这些河流都将带有咸味的河水汇入大海，久而久之，海水里就会有许多盐分。而且海水可以蒸发，盐却不能，所以它始终留在了海里，海水便越来越咸。

即便你是个旱鸭子，你也能在大盐湖中自由自在地游泳。你可以站着、坐着，甚至躺着。这是因为大盐湖的水非常咸，而盐水的浮力又非常大。不过，如果你的身上有伤口，可千万不要去，否则盐水会让你的伤口疼痛难忍！

大盐湖的北方是怀俄明州，那里有个闻名遐迩的地方——黄石公园。从地图上看，它就像怀俄明州的"州中之州"。

正是因为怀俄明州有许多漂亮、神奇又罕见的东西，才成就了黄石公园的壮美。那里不仅有茂密的原始森林，还有各种各样的野生动植物，以及数不清的峡谷、瀑布和温泉等。舒适的酒店和便利的交通，也方便了游客们前去游玩。不过，那里并不欢迎捕猎者。禁止捕猎的规定使动物们更快乐、更温顺。如果你想要和它们合影，也是没有问题的。

　　黄石公园的泉水如同当地的天气一样热，如果你有足够的胆量去尝一尝，很可能会把你的喉咙给烫伤。这是因为黄石公园地下有许多温度很高的熔岩，把泉水烧得滚烫滚烫的。

　　黄石公园里还有一个叫黄石湖的大湖，当黄石湖的水从黄石大峡谷上飞泻而下时，著名的黄石大瀑布就形成了。湖边有许多泉水，由于地下水蒸气的原因，它们每隔一段时间就会喷出来一次，人们给这种泉水取名为"间歇泉"。其中，"老实泉"是这里面最著名的泉水。因为它每小时喷发一次，每天、每月、每年都是如此，从来不"迟到早退"，十分老实，因此得名。如今，"老实泉"已经成为黄石公园的代表景点之一了。

🟢 黄石公园内，冒着热气的泉水正喷涌而出

北方近邻

■ 加拿大

有句俗话是这样说的："篱笆筑得牢，邻居处得好。"但邻里之间是否和睦，还要看这是怎样一个邻居。美国北部的邻居是加拿大，加拿大幅员辽阔，国土面积比美国的还要大。美国与这位邻居的边界线非常长，一直从大西洋延伸到了太平洋。如果这两个国家就像真的邻居一样，在交界处竖上篱笆墙，那恐怕要绵延数千千米了。当然，国与国之间并没有篱笆墙，而是靠一条国界线隔开的，这条线你也只能在地图上看到。实际上，美国与加拿大的交界处立有一座石门，上面写着一些象征友谊与和平的话语，这座石门则被称为"和平拱门"。

男孩子之间争抢东西的时候会说："谁抢到就是谁的！"其实，加拿大最初是法国人发现的，但英国人觉得加拿大应该是他们的。于是，英法之间就爆发了战争，最后英国战胜了法国，夺走了加拿大。虽然这已经是很多年前的事了，但现在仍然有许多法国人生活在加拿大。如果你到加拿大的魁北克市，就会发现这里说法语的人远比说英语的人多得多。

我曾经养过一只纽芬兰犬，这种狗的体形非常庞大，毛皮厚实，还特别能吃，一顿饭能吃很多东西。纽芬兰犬来自大西洋沿岸的纽芬兰。纽芬兰最早是被意大利人发现的，现在这个地方也属于加拿大。

纽芬兰的沿海地区有一个叫作"大浅滩"的地方，那块海域的水深相对较浅。因此，它成了捕鱼的最佳地点。每到捕鱼的季节，这里都会涌现出成千上万的捕鱼船。这些捕鱼船频繁地往返于"大浅滩"上，每次都收获颇丰。大浅滩附近经常出现浓雾，这让船只的行驶充满了危险。有时候大船看不见迎面而来的小船，就会发生撞击，许多人因此丧了命。

加拿大幅员辽阔，但人口十分稀少，全国人口总数还不及北京和上海人口数量的总和。多数加拿大人生活在靠近美国的南部地区，因为加拿大的北部十分寒冷，不宜居住。加拿大南部的人与美国人的生活习惯很相似，种植的作物也差不多。加拿大与美国一样，都是小麦生产国。

加拿大太平洋铁路公司是一家举世闻名的大型铁路公司。加拿大的铁路线很长，从大西洋一直延伸到濒临太平洋的温哥华，贯穿全国，也连通了大西洋和太平洋，为贸易运输提供了便利。

尽管很多女孩子并不喜欢狐狸或野狼等动物，但她们热衷于用这些动物的皮毛制成的皮草，甚至不惜花重金购买。加拿大有个和墨西哥湾大小类似的海湾——哈得孙湾，它是以发现人的名字命名的。看到这里，你是不是想起了哈得孙河？除了拥有共同的发现人，它们一点关系也没有。哈得孙湾在冬季会全部结冰，除了以捕猎为生的人，附近几乎没有其他人居住。人类靠衣服保暖，而在野外的动物们是靠自身厚厚的皮毛来御寒的。也正是因为这身皮毛，才会让它们成为猎人的目标。猎人将狐狸或者野狼等动物杀死，剥下皮毛，加工成皮草，再高价出售给那些爱美的女士。这些猎人几乎都是来自哈得孙湾皮毛贸易公司

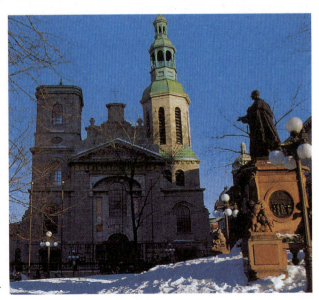

🍊 加拿大魁北克市的圣母教堂

的员工。

与美国不同，加拿大并不是由州组成的，而是由省组成的。加拿大一共有10个省，最重要的就是以安大略湖命名的安大略省。五大湖中除了密歇根湖，其他四个湖都与安大略省接壤。我们熟知的加拿大首都渥太华以及著名城市多伦多，都属于安大略省，其中多伦多为安大略省的省会城市。作为英联邦国家，加拿大要接受一名来自英国的总督参与对加拿大的管理。

加拿大的气候越往北越寒冷，最北端的地区寒冷异常，只有极少数如云杉、松树这样的树才能存活。这些树常年都不落叶，被人们称为"常青树"。这些常青树可是用来造纸的好材料呢！

我们所看的书籍和报纸都是以木材作为原材料生产的。一个城市一天所印刷的报纸，通常需要几千平方米的树木。美国的报纸所用的纸张几乎都产自加拿大。每天，加拿大的伐木工人都会砍伐许多树木，然后把树木加工制成纸张，最后运往美国，美国人才能有报纸看。为了供应美国的报纸需求，加拿大耗费了巨大的森林资源，光是想象一下，都觉得可怕。如此一来，加拿大要失去多少森林啊！

● 枫叶已经成为加拿大的象征

这么近，那么远

■ 巴拿马地峡/巴拿马运河

在我的房间里，有一张非常大的世界地图，我能够很轻松地在上面找到南美洲和北美洲这两个大洲。"南美洲""北美洲"听起来好像是两姐妹一样，实际上，它们的距离也非常近，中间仅仅隔着一块区域，那就是中美洲。中美洲上面有一块狭长的地方，叫巴拿马地峡。从地图上看，这里就像树叶的叶柄一样。

巴拿马地峡的左右两边分别是太平洋和大西洋。从地图上看，太平洋与大西洋之间的距离很近，只隔了个巴拿马地峡，可以说是"近在咫尺"；但实际上，如果两边的船只想要到达对面的大洋，又可以说是"远在天涯"。因为它们中间隔着巴拿马地峡，船只并不能从陆地上通过，只能绕道行驶几千千米，绕过南美洲才可以到达对面的大洋。这就好像你骑着摩托车，突然被一条河流拦住了去路，河上并没有桥，只立着一块牌子，上面写着："此路不通，请绕行10000千米。"我想，不管是谁遇到这样的情况，一定都会被气得够呛。所以，人们就想方设法走近路。有人建议，可以用一台巨大的起重机，将船只吊起来放到一辆大卡车上，由卡车将船运到对面，然后再用起重机将船放到大海中。可是这个办法太不现实了，我们去哪儿找那么大的起重机和卡车呢？还有人提议，不如开凿一条运河，船就能从这个大洋直接开到另一个大洋了。这个办法听起来不错，实际操作却很有难度。虽然从地图上看，巴拿马地峡只是非常狭长的一块地方，但实际上它有48千米长，且有许多山脉，开凿起来并不容易。

中美洲地区经常有地震发生，所以有人就会想：如果哪一次地震把巴拿马地峡震开，让它裂成两半该多好啊！这种想法太异想天开了，地震只会给人类带来灾难，从不会带来任何好处。

也许你会问：为什么两边的船只都想要行驶到对面去呢？就不能只在一个大洋上航行吗？

你可以这样想，每次你妈妈去商场或者超市买东西，肯定是一次性买齐所有需要的东西，包括吃的、穿的、用的等等，很少只买一样就回来吧？其实，船只也一样，它要把各种不同的货物运送到世界各地去。有的船只从太平洋沿岸地区出发，要到大西洋沿岸地区购买自己国家没有的东西；有的船只从大西洋沿岸地区出发，要到太平洋沿岸地区购买自己国家没有的东西。因此，这些船只就需要在大洋之间穿行往来。由于隔着一个巴拿马地峡，它们之间的交通十分不便。后来，一家法国公司终于决定开凿一条运河，也就是现在的巴拿马运河。

当时的巴拿马环境十分恶劣，不适宜居住，几乎没有白人能够忍受那种环境，但当地的印第安人和黑人并不这样觉得。那家法国公司派出的工人大多是白人，他们中的三分之一都因为发烧而死去了。工程一直没有什么进展，但花费却很大，于是，法国公司只好停止了开凿运河的计划。

之后，美国人踏上了这片土地，获得了巴拿马一部分土地的永久租用权。这块土地约16千米长，刚好位于巴拿马地峡，叫作"运河区"。开凿运河之前，美国人说："我们一定要先改造这块地方，让它适合白人居住。否则，即便派过去再多的工人，也都会病死的。"然后，他们派了一位很有名的医生前去调查白人得病的原因，改善当地的环境。

白人医生调查了好长一段时间，终于发现真正的罪魁祸首竟然是蚊子。我们都被蚊子叮咬过，一般被蚊子叮咬过之后，顶多就是起个发痒的小包罢了。那里的蚊子怎么能厉害到让人死亡呢？其实，这是因为那里的蚊子身上携带黄热病的病毒，如果人被传染，几乎没有活下来的希望，大量白人正是由于被这种蚊子叮咬而失去了生命。

　　找到了白人得病的原因，那名医生开始想办法解决了。在对蚊子进行了仔细的观察后，他找到了对付它们的克星——产于波波卡特佩特火山的硫黄和产于墨西哥的石油。消灭了蚊子之后，他还对蚊子的"老巢"——沼泽地，进行了彻底的清理。运河区的环境因此得到了改善。

　　环境变好之后，美国人开始着手运河开凿的工程了。法国人开凿运河时，只是不停地开凿陆地，想打通整个地峡。而美国人则不同，他们先在地峡的最高处开凿了一段很短的运河，再把运河附近已有的一条河和一个湖里的水引入运河。他们又在运河的两端装上了水闸，利用水闸来升高或降低水位。这种方法不仅节省了成本，还十分便利，使船只能够在两个大洋之间顺利穿行。北美洲与南美洲似乎被运河分开了，但实际上它们还是连在一起的。

🟢 货船行驶在巴拿马运河上

走进南美洲

■ 哥伦比亚/委内瑞拉/圭亚那/厄瓜多尔/秘鲁/玻利维亚

请 你看看世界地图上的南美洲，想一想，它的样子像什么呢？我觉得它像很多东西，比如一根萝卜，一个甘蓝，一个梨子，一块羊排，一个无花果……你觉得呢？巴拿马位于南美洲的最北端，而最南端则是一个叫合恩角的地方。

从最北端的巴拿马到最南端的合恩角，有一条连绵不断的山脉，贯穿了整个南美洲，它就是著名的安第斯山脉。在西半球，安第斯山脉是最高的山脉；在全世界，安第斯山脉是最长的山脉。

我们都知道，美洲大陆是哥伦布发现的。而在南美洲就有一个国家是以他的名字命名的，这个国家毗邻巴拿马，叫作哥伦比亚。怎么样，是不是和"哥伦布"的读音很相近呢？

白人在第一次踏上南美洲时，在北部的沿海地区发现了一个与哥伦比亚相邻的国家，当地的印第安人竟然把房子建在了水中。这种建筑方式让他们想起了意大利的威尼斯——威尼斯人也是将房屋建在水中的。于是，他们就把这个国家叫作委内瑞拉，"委内瑞拉"在意大利语中的意思就是"小威尼斯"。

委内瑞拉附近的海边有一个非常奇特的岛屿，叫作特立尼达岛。这个岛上有一个湖泊，但湖里却没有一点水。这是为什么呢？原来，这个湖盛产柏油，柏油就是这个湖的"湖水"。人们把这里的柏油运往美国，用于修路。

委内瑞拉的东边有一个非常小的国家，叫圭亚那。很久之前，英国、法国、荷兰多次争夺这个地方，他们分别建立了英属圭亚那、法属圭亚那等殖民地。现在，那里已经是英联邦的一个独立国家了。

虽然圭亚那非常小，但它却拥有一个巨大的瀑布，一个比尼亚加拉瀑布还要高四倍的瀑布，它的名字是"凯厄图尔"。但是好多人根本没有听说过它，因为它的地理位置实在太偏僻了。你可以问问你的爸爸，看他知不知道这个瀑布。

我们都知道，地球的中间系着一条"腰带"——赤道，它把地球分成了北半球和南半球两个部分。在赤道附近，有一个叫作厄瓜多尔的南美洲国家，"厄瓜多尔"在西班牙语中就是"赤道"的意思。众所周知，赤道附近是非常热的，然而，厄瓜多尔的气候并不像我们想得那样热，甚至还非常凉爽呢！你一定觉得很奇怪吧？这是因为厄瓜多尔位于高高的安第斯山脉上，越高的地方就越凉快，所以厄瓜多尔全年气候都非常凉爽宜人。厄瓜多尔的首都是基多，这里有几座全世界最高的火山——钦博拉索火山和科托帕希火山。钦博拉索火山相对高一些，是一座永远都不会爆发的死火山；科托帕希火山则要矮一些，是一座非常活跃的活火山。

你爱吃巧克力吗？爱喝巧克力味的饮料吗？巧克力的原料就是可可豆。虽然厄瓜多尔离我们非常遥远，但全球大部分的可可豆都产自这里。和豌豆等其他豆类一样，可可豆也是长在豆荚里的。不过它的豆荚足有西瓜那么大，不是长在树枝上，而是直接长在可可树的树干上。

过去，厄瓜多尔的印第安人十分彪悍，如果某一个部落的印第安人想要得到妻子或者金银，很有可能会与另外一个部落大打出手。失败者会被胜利者砍下头颅，这个头颅就成了胜利者的战利品。厄瓜多尔的印第安人认为，拥有最多头颅的人就是最伟大的斗士。这些印第安人不用弓箭作为武器，而是用一种叫作"吹火枪"的武器。吹火枪的长度与人的高度差不多，吹管内装入涂有毒液的小土球或小飞镖，只要这些小土球或小飞镖击中敌人或者猎物，就会将它们置于死地。这些印第安人捕鱼的方式也很特别，他们不用钓鱼竿或渔网，而是把毒药洒入水中，鱼被毒死后就会浮在水面上了。不过，这种毒药对人类并没有危害。

在众多的印第安人之中，厄瓜多尔印第安人是较为落后的。在厄瓜多尔南边的秘鲁，也生活着一群印第安人，他们是迄今为止较文明、开化的印第安人。他们不居住在简陋的帐篷或是草屋里，而是居住在华丽的宫殿中。这些印第安人又叫"印加人"，他们当时的首都是库斯科。印加人有许多金银财宝，当西班牙人初次来到这里时，就发现这里已经开采了许多金矿和银矿。西班牙人用自己手中的火枪抢走了许多金银财宝，还胁迫印加人为他们开采更多的金矿、银矿。不过西班牙人没能将这些财宝运回西班牙，他们在回去的路上就被海盗洗劫一空了。

还有一部分西班牙人选择留在秘鲁，并在那里和当地人结了婚。如今，那里有许多西班牙人和印第安人所生的混血儿。

现在，库斯科并不是秘鲁的首都，那里只留下了一些古老的印加宫殿废墟。秘鲁现在的首都是利马。提到利马，你是不是马上想到了我们平时吃的一种叫利马豆的东西？不过，利马豆并非产于利马，而且跟利马一点关系也没

有。利马盛产一种可以退烧的药物。当地的印第安人将某种树的树皮放在水里炖煮，当作茶喝，这种茶的退烧效果非常好。当地人还把这种树皮卖到了其他国家。后来，人们从树皮中萃取出一种物质，制成了退烧药，也就是我们发烧时吃的奎宁。

在美国，火车或汽车是主要的运输工具。而在安第斯山脉地区，人们却用动物来运输货物，这种动物就是美洲驼。美洲驼的长相酷似骆驼，但没有驼峰。

位于山脉间的印加遗址

你知道西蒙·玻利瓦尔是谁吗？在南美洲，他可是一个家喻户晓的人物，连小孩子都知道他是谁，就像美国人都知道乔治·华盛顿一样。实际上，西蒙·玻利瓦尔就被人称为"南美洲的乔治·华盛顿"。从前，西班牙也像英国一样拥有许多殖民地，西班牙的殖民地大多在南美洲。西蒙·玻利瓦尔是委内瑞拉人，他认为西班牙

美洲驼

🟠 在安第斯山脉，人们用美洲驼运输货物

一直在无情地压榨殖民地的人民。他也去过美国，知道美国曾是英国的殖民地，是乔治·华盛顿让美国成为了一个独立的国家。因此，玻利瓦尔决定效仿华盛顿，领导委内瑞拉和其他几个南美国家摆脱西班牙的殖民统治。革命期间，玻利瓦尔的生活非常艰苦，他不断逃亡，又不断返回南美洲。经过了漫长而艰苦的奋斗，革命终于胜利了，六个南美国家从殖民地变成了独立的国家。后来，为了纪念玻利瓦尔，其中一个叫作"上秘鲁"的国家就将国名改成了"玻利维亚"。

玻利维亚是一个内陆国家，锡矿非常多，是全球锡矿的主要生产国之一。纯锡的价值非常高，所以，我们日常生活中的锡锅和锡罐都不是纯锡做的，只是在铁的外面涂了一层锡罢了。涂锡是为了防止铁生锈，如果外面的锡掉了，铁锅和铁罐就会生锈。

的的喀喀湖是一个巨大的湖泊，位于玻利维亚和秘鲁之间，它的名字是不是很有趣？读起来就像是说话结巴一样。的的喀喀湖是全世界面积相似的湖泊中海拔最高的。之前，我在家里的地窖中做过一艘快艇，做完之后发现快艇比地窖口大许多，根本拿不出来。因此，我只好先把快艇拆了，再拿到外面组装。如果人们想去的的喀喀湖划船，也得先把船的零件运到目的地，再组装好。因为，的的喀喀湖的海拔实在是太高了！

盛产橡胶、咖啡的国家

■ 巴西

你一定听说过"高山流水"这个成语吧？我觉得这个成语说得非常有道理，正是因为了有了高山，所以才会有河流。如果地球就像你的桌面一样平坦，那么地球上恐怕就不会有河流了。世界上流量最大的河流（别看错了，是流量最大，不是最长）——亚马孙河，就是由安第斯山脉上流下的水汇合形成的。在地图上，亚马孙河看起来就像一根枝条繁茂的藤蔓，拥有许多条支流。亚马孙河比你见过的许多河流都要宽阔许多。如果你站在亚马孙河的一边向对岸望去，根本就望不到对岸。全世界所有的河流中，亚马孙河流入海洋的水是最多的。

如果我们洗澡的时候一直开着水龙头不关，浴缸里的水一定会溢出来，流得到处都是。其实，海洋就像一个大浴缸，许多河流的水最终会汇入大海，但是你听说过大海的水因为太满而溢出来了吗？肯定没有吧！这是因为海洋中的水会在阳光的照射下不断蒸发，变成水蒸气，水蒸气飘到空中，变成了云朵。云朵被风吹到陆地上空，又变成雨水落下。大部分雨水落到地面后会被植物吸收，其他的雨水流进河流，最后汇入海洋。这个过程反反复复地循环。所以，地球上的水既不会增多，也不会减少，总是那么多，只不过变成了不同的形态存在于各个地方。

安第斯山脉地处太平洋沿岸，它的西边没有河流汇入太平洋，东边所有的河流都通过亚马孙河汇入大西洋。

巴西是南美洲最大的国家，也是亚马孙河流经的国家之一，它的国土面积仅次于俄罗斯、加拿大、中国以及美国。巴西这个名字起源于那里一种叫作"巴西红"的树木，巴西红木通常被人们用来制作染料。如果按照这种取名方式，我觉得巴西应该叫"橡胶"或"咖啡"，因为这里的橡胶树和咖啡树的数量可比巴西红木多得多。

亚马孙河的周围覆盖着茂密的森林，准确地说是热带雨林。但是那里不仅有森林，还有许多沼泽地。亚马孙河周围的热带雨林是一片天然的原始森林，那里气候炎热且潮湿，非常适合植物生长，但并不适合人类居住。在那里，植物长得很快，就像是《巨人杀手杰克》里的那颗魔豆一样，只是没有像魔豆那样长到天上去。热带雨林中的植物长得都非常大，如果你看到了一定会非常吃惊，因为它们大得超乎你的想象，比如有一种睡莲，它的叶子有圆桌那么大。那里的植物不仅大，还很多、很密集，人们很难穿行于其中。

热带雨林中还生活着许多野生动物，但人烟稀少，那里的居民一般是印第安人。在那里，你可以看到很多街上卖艺时耍的那种猴子，还有各种各样的鹦鹉。我想你一定见过会说话的鹦鹉吧，不过这些鹦鹉可不是天生就会说话

🔵 蜿蜒的亚马孙河

的，都是那些航海的船员在抓住鹦鹉之后，教会它们说话的。你还能看到五彩斑斓的蝴蝶和飞蛾，把它们制成标本一定会非常棒！热带雨林里还隐匿着一种巨蟒，叫作王蛇。它们总是把自己缠绕在树上，伪装成一根粗壮的树藤，一旦有动物被迷惑而靠近，王蛇就会一下子抓住猎物，再死死地把它缠住，令它窒息而死，最后再将其整个吞下。美餐过后，王蛇就开始睡大觉了，它能连续睡上一周甚至一个月的时间，直到肚子里的食物全都消化了才去重新捕猎。那里还有一种叫作"树懒"的动物，它们睡觉时的样子别提多有意思了。它们用脚趾钩在树枝上倒挂着，大头朝下睡。它们平时的行动也非常缓慢，看上去懒洋洋的，好像永远都在睡梦之中。所以，人们才给它们取名为"树懒"。除此之外，那里还有叫声如狮吼的巨型牛蛙、携带疟疾病毒的蚊子……看到这里，你是否会想：这个地方有那么多令人害怕的动物，人们为什么还要去呢？实际上，人们如果捕捉那里的野生动物卖给动物园或博物馆，能赚很大一笔钱呢！当然，还有一个更重要的原因，就是他们要寻找一种树的汁液。

刚来到亚马孙河流域时，白人发现当地的印第安人很喜欢玩一种小球，这种小球弹性极强，可以不断地弹来弹去。白人从来没有见过这样新奇的球，只听说这是由一种树的汁液做成的。于是，白人便想到了一个发财的好方法。他们打算把这种汁液做成各种类型的球，比如网球、高尔夫球等，还把这种汁液叫作"橡胶"。我们生活中常见的橡皮、轮胎、胶鞋等，都是用橡胶制成的。通过不同的工艺方法，人们还把橡胶汁液制成了不同质地的橡胶，如软橡胶、硬橡胶、吸力橡胶和弹力橡胶等，就像是厨师把食糖做成了太妃糖、橡皮糖和卡拉梅尔糖等。

每天，橡胶工人都穿梭于热带雨林之中寻找橡胶树。当他们找到橡胶树时，就会在树干上割开一个口子，把专门用来收集汁液的容器挂上去，橡胶汁液就会自动流入容器里。如果我们不小心割伤手指，伤口就会有血流出来，橡胶树也是一样。如果树皮被割开，也会流出汁液。然后，橡胶工人会将容器里的橡胶汁液全部倒入一个大桶中，再带回去。他们将足够多的橡胶汁液浇在一根木棒上面，放到火上烘烤，再如此反复，直到木棒上形成一块很大的橡胶。工人们把这些橡胶用独木舟运到亚马孙河，再通过那里的大型船只将橡胶运送到世界各地。

巴西还盛产一种东西，它非常有名，是一种饮品。在美国，几乎家家户户都离不开它。你能猜到我说的是什么吗？你一定猜到了。没错，就是咖啡。其实咖啡并不是原产于巴西，而是白人漂洋过海带过来的。巴西海边高地的土壤和气候都非常适合咖啡的生长，所以，后来这里的人们开始广泛种植咖啡。如今，巴西已经成为世界上咖啡产量最大的国家了。

咖啡树非常低矮，咖啡果的大小和樱桃差不多，每颗咖啡果里都有两颗种子——就是我们熟知的咖啡豆。咖啡豆烤熟之后，磨成粉末，就能用水冲泡出我们常喝的咖啡了。

很久以前，有支探险队沿着巴西海岸航行，元旦那天，他们行驶到了一个像河口的地方。因为这一天刚好是一月的第一天，所以他们就把这个河口命名为"里约热内卢"，意思就是"一月的河流"。事实上，那里并不是河口，而是一个海湾。后来，这个地方渐渐发展成一座城市，它依然叫里约热内卢。里约热内卢港内有一块巨大的石头耸立在水中，看起来就像一块大面包，于是人们就把它叫作"面包山"。从航行的船上看，这座城市后面的山脉就像一个沉睡中的巨人。于是，这些山脉被人们称作"沉睡的巨人"。

在巴西，还有一个地方也盛产咖啡，那就是里约热内卢南边的城市——桑托斯。或许你爸爸平时喝的咖啡就是在里约热内卢或桑托斯生产的呢！咖啡、可可、锡罐、柏油、橡胶……太多太多的东西能使我们联想到巴西。如果它们能像在童话故事里那样张口讲话，一定会给我们讲许多关于自己的趣事呢。

● 我们平时喝的咖啡很多是巴西产的

岛国盎格鲁

■ 英国

大本钟

很久以前，英格兰是一个独立的岛国，这里居住着盎格鲁人。所以，英格兰曾经被叫作"盎格鲁人之国"，后来才改叫"英格兰"这个名字。

当时，在这个岛上还有另外两个国家，它们分别是威尔士和苏格兰，整座岛的名字是"大不列颠岛"。另外，在这个岛的附近还有一个叫作"爱尔兰"的岛国。后来，英格兰、威尔士、苏格兰以及爱尔兰岛北边的一小部分联合起来，成立了一个叫作"大不列颠及北爱尔兰联合王国"的国家，这就是我们现在所熟知的英国。

虽然英国是个岛国，但到英国的船只并不能随意找地方停靠，而是要停靠在指定的地点。这是因为英国有的地方海水很浅，船只靠岸时很可能会搁浅；有的地方有很多礁石，甚至还有非常高的悬崖，这些都会引发翻船事故。一般去英国的人都会从西边的利物浦或南边的安普顿登陆，当然，也会有人从东边的伦敦登陆。在伦敦靠岸的船只都会经过泰晤士河，泰晤士河上有一座著名的桥——伦敦桥。你知道"伦敦大桥倒下来"这个游戏吗？伦敦桥确实倒塌过好几次，只不过人们每次都会重建它。现在的伦敦桥非常坚固，我觉得它应该不会再倒塌了。

伦敦是一个历史悠久的城市，据说耶稣诞生时，它就已经存在了。不过，当时的伦敦又小又偏僻，如今的伦敦已经是世界上最大的城市之一了。

纽约市遍地都是高楼大厦，那里的许多大厦都可以用"高耸入云"来形容，有五十层高的，有七十层高的，甚至还有一百多层高的。与纽约相比，伦敦的楼房都比较低矮，但城市的范围却非常大。伦敦人出行的主要交通工具是公共汽车和双层巴士，双层巴士就是有两层座位的巴士。另外，他们也会乘坐地铁出行。

伦敦是英国的首都，英国的国会大厦就位于这座城市。英国的国会大厦也叫作"议院"，也就是"讨论问题的地方"。人们在议院里讨论问题，并且制定国家的法律。在英国，统治者是国王，但制定法律的却是议院。我曾经在美国的国会大厦附近居住，总能看到国会大厦的圆顶，我就一直以为所有国家的国会大厦都是圆顶的。所以，当我第一次见到英国的国会大厦时，我感到十分诧异，它为什么不是圆顶的呢？英国的国会大厦顶端是一座钟塔，上面安有一口巨大的时钟，叫作"大本钟"。

英国并不是没有圆顶的建筑，伦敦有一座建筑的圆顶和美国国会大厦的圆顶相似极了，这座建筑就是著名的圣保罗大教堂。据说，美国的国会大厦就是仿照圣保罗大教堂设计的。圣保罗大教堂的历史十分悠久，在它建成的时候还没有美国的国会大厦呢，甚至没有华盛顿乃至美国这个国家。很多年前，伦敦发生了一场大火，整座城市在这场大火中几乎化为灰烬，人们把这场灾难称为"伦敦大火"。后来，一个叫克里斯托弗·雷恩的人设计并重建了这座城市，他为这里建造了许多教堂和其他建筑，将这座城市变得非常漂亮，甚至比之前还要漂亮。所以，一些人觉得那场火灾其实是一件好事，因为它促进了城市的发展。而圣保罗大教堂就是雷恩所重建的教堂之一。

第二次世界大战期间，伦敦有成千上万的建筑被德国飞机投掷的炸弹摧毁，其中就有许多克里斯托弗·雷

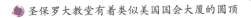

🟣 圣保罗大教堂有着类似美国国会大厦的圆顶

恩建造的教堂和其他建筑。不过，好在他建造的建筑非常多，其中一些幸免于难，并被保存至今。伦敦人把这次轰炸叫作"闪电轰炸"，它与那场火灾一样，被伦敦人永远地铭记在心，也激起了伦敦人的勇气。

在伦敦，还有一座著名的教堂，叫作威斯敏斯特教堂，它并不是雷恩建造的。威斯敏斯特教堂里有许多名人的墓地，其中包括英国的国王、王后，伟大的作家、音乐家、诗人等。为了纪念那些为国牺牲的无名英雄，人们还把在第一次世界大战战场上牺牲的士兵安葬在了这座教堂里。所以，后来这个地方被叫作"无名战士之墓"。

威斯敏斯特教堂中有一把与众不同的椅子，每任英国国王在加冕时都会坐在这把椅子上，所以这把椅子被叫作加冕椅。这把椅子的下面有一块巨大的石头，你知道这有什么特殊的含义吗？原来，早在几百年前，英国北部有一个叫苏格兰的独立国家，他们的国王就是坐在这块巨石上加冕的。后来，英格兰和苏格兰合并成为一个国家，这个传统也被保留了下来。于是，人们就把那块石头放在了加冕椅下。

伦敦最古老的建筑莫过于伦敦塔，在发生那次火灾之前它就已经存在了。伦敦塔在很久以前是一座监狱，里面关押的罪犯不乏非常著名的人物，比如一些英格兰的王子和女王，他们有的还被判处了死刑。现在，伦敦塔是一座博物馆，里面收藏着许多罕见而珍贵的物品，比如士兵及其坐骑穿过的铠甲、砍头用的斧子和垫头木、皇冠上镶嵌的宝石等，最大的宝石竟有核桃那么大。女王的皇冠放在一个白色绸缎做成的枕头上，上面镶嵌着许多珠宝，其中有一颗非常大的钻石，叫作柯依诺尔钻石，意思是"光明的山"。传说如果一个男人拥有这颗钻石，他就会被厄运困扰，女人却不会。所以，这颗钻石被镶嵌在女王的皇冠上。伦敦塔由一队士兵长期看守，这些守塔的士兵叫作英国皇家禁卫军仪仗卫兵。一旦有人闯入伦敦塔，强行打开装有珠宝的盒子，伦敦塔的大门就会自动关闭。如此一来，盗贼就无法逃脱，只能束手就擒。

你有收藏的爱好吗？比如收集一些石头、邮票、硬币或者蝴蝶。英国有一座全世界最大的博物馆——大英博物馆，这里收藏着许多来自世界各地的奇珍异宝。

伦敦的街道非常多，多到什么程度呢？据说，如果把英国所有的街道连起来，足足可以绕地球一圈呢！这些街道有许多稀奇古怪的名字，没有人能够准确地叫出所有街道的名字，就连伦敦当地的警察也无法做到。警察们通常都会随身携带一张小地图，通过查看地图确定街道的位置。但还有一部分街道是广为人知的，比如针线街、切普赛德街、皮卡迪利街、佩尔美尔街等。其中，皮卡迪利街有很多非常漂亮的房屋、酒店、俱乐部和宫殿。还有像舰队街、海滨街、摄政街等非常著名的购物街。另外，伦敦还有牛津广场和皮卡迪利广场两座著名的广场。

我曾经问一个英国人："你住在伦敦吗？"

"为什么你们美国人认为所有英国人都住在伦敦呢？"他无可奈何地说，"并不是只有伦敦才能住人，英国还有许多不错的地方呢！

彻斯特和曼彻斯特；

诺里奇和哈里奇；

牛津和吉尔福德；

伯明翰和诺丁汉；

剑桥和坦布里奇韦尔斯；

北安普顿和南安普顿；

雅茅斯和韦茅斯……

还有很多很多的地方呢！"

他一说起这些地方就停不下来，趁他还没说完，我赶紧打断他："好了，好了，你一口气说了这么多地方，名字还这么像，我怎么可能记得住呀！"

他露出得意的表情："好吧，其实可以这么说，在英国有5000多万人不在伦敦住，我就是这些人当中的一个。"

无论住在哪里，几乎每个英国人一生中都至少会去一次伦敦。英国的国土面积很小，火车的速度又非常快，所以不管从英国的哪个地方出发，一天之内都能达到伦敦。

铁路是英国人发明的，英国的火车曾经是世界上速度最快的。英国的火车与美国的火车相比，体积要更小一点，速度则更快一些。每节车厢都像个独立的小房间，里面的座位都是一半朝前，一半朝后的。所以，火车上有一半的乘客是正着坐的，一半的乘客是反着坐的。火车的车厢上还会标着"头等"和"标准"的字样，头等车厢只占了很少的一部分，大部分都是标准车厢；头等车厢的价格比标准车厢的价格贵了不少。这是因为头等车厢非常宽敞，座位上都铺有柔软的垫子；而标准车厢则很拥挤，座位上也没有舒适的软垫。

在英国，车辆都是靠左行驶的，而美国的车辆都是靠右行驶的。如果你在英国靠右驾车或骑车的话，就会被警察抓起来。

美国人习惯用栅栏将公路与人行道分开，而英国人却习惯用树篱。有些树篱又高又大，人们根本看不到树篱后面究竟有些什么东西，只能看到一些若隐若现的屋顶。以前的英国人会用茅草来修

请靠左行

🔵 在英国，车辆不许靠右行驶

建屋顶，而在美国却没有人会这么做。你也许会感到奇怪：用茅草修建的屋顶能遮风挡雨吗？不是还很容易着火吗？其实你不用担心，这种茅草屋顶不仅能很好地遮风挡雨，而且也不太容易着火。英国人很少使用木材建造房屋，他们通常使用石头或砖头来盖房子，这是因为英国的森林面积很小，仅有的几片小森林都建成了公园。英国的大部分森林早在很久以前就被人们砍伐光了，所以人们也就舍不得再用那几片小森林中的树木来建造房屋了。在美国，木头建造的房屋比石头建造的房屋要便宜；但在英国，木头建造的房屋比石头建造的房屋要贵很多。

英国有许多风景名胜，数也数不过来，其中要数一些风格迥异的教堂最为瞩目。美国教堂的历史没有英国教堂的历史这么悠久。英国的大部分教堂都有几百年的历史，有些教堂甚至拥有上千年的历史。圣公会是英国的国教——在英国，大部分人是圣公会教徒，大部分教堂也是圣公会教堂。

英国还有两所全球知名的大学，分别是牛津大学和剑桥大学。这两所学校之

间也常常会举办一些体育赛事，比如足球赛、板球赛以及划船比赛等。牛津大学位于泰晤士河河畔，传说那里是牛群蹚过的地方，所以才叫作"牛津大学"；而剑桥大学则位于剑河河畔，河上有一座"剑桥"，所以才得名"剑桥大学"。

世界上许多著名的诗人、作家在英国居住过，其中就有那位家喻户晓的英国大作家威廉·莎士比亚，他就住在埃文河附近的斯特拉特福小镇里。

美国的新英格兰以制造业为主要产业，同样，制造业也是英国的主要产业。但不同的是，新英格兰并没有铁矿和煤矿，英国却拥有丰富的铁矿和煤矿资源。煤可以让机器发动运转，铁可以被制成各种各样的铁制品。英国的铁制品种类繁多，小到袖珍折叠刀，大到发动机，应有尽有。英国有一个叫谢菲尔德的城市，那里大量生产餐刀和银盘，这种银盘被人们称为"谢菲尔德盘"。快看看你家里的餐具，没准其中就有谢菲尔德生产的呢！

英国还是一个盛产布料的国家，主要生产羊毛布和棉布。羊毛布主要是由当地养殖的绵羊的毛织成的。因为英国很少种植棉花，所以制作棉布所需的棉花是从美国进口的。英国也有种植庄稼的耕地，只不过那里的土地大多不适合种植庄稼，所以耕地面积很小，庄稼的产量也不大，大部分的粮食需要从国外进口。羊肉和牛肉是英国人非常喜爱的食物，这从他们的许多歌曲和故事中都能看出来，因为里面总会提到"英格兰的烤牛肉"。

伦敦圣玛丽勒博教堂

🟣 圣玛丽勒博教堂是伦敦的代表建筑之一

英国曾经在全球范围内占领了很多地方，这些殖民地的法律也都是由英国制定的。而现在，这些国家绝大多数脱离了英国的统治，并且自己制定了法律，但这些国家依然把英国国王当成自己的国王。这样的国家又叫作"英联邦国家"，加拿大就属于英联邦国家。

英格兰的邻居

■ 威尔士/苏格兰/爱尔兰

你 所知道的最长的单词有多少个字母？我所知道的最长的单词是——Llanfairpwllgwyngyllgogerychwyrndrobwllllantysiliogogogoch（译者注：兰韦尔普尔古因吉尔戈格里惠尔恩德罗布尔兰蒂西利奥戈戈戈赫），它一共由58个字母组成。你可别以为这个名字是小孩子在电脑上胡乱敲出来的，它可是真实存在的。这个名字属于威尔士的一个小镇，意思是"位于浓雾中的圣玛丽教堂，它的附近有一个飞速旋转的漩涡，还有一个圣泰西里奥教堂，它的旁边有一个红色的山洞"。因为这么长的名字实在是难记又难写，所以当地人直接把它简写为"兰韦尔普尔古因吉尔"。不过，即便是去掉了很多字，这个简写的名字依然很长。威尔士曾经是个独立的国家，与英格兰同在一个岛上，如今它是英国的一部分。威尔士的语言中有许多又长又难懂的词语，就好比那个小镇的名字。

后来，威尔士被英国征服了。为了让威尔士人服从英国的统治，英国国王许诺让一个在威尔士出生并且不会说英语的人来当威尔士的国王。听到这个承诺后，威尔士人非常开心，他们以为英国国王会允许一个威尔士人来当这个国王。但这其实是英国国王耍的一个小聪明，因为当时英国国王的儿子刚好在威尔士出生，婴儿还不会讲话，更别提会说英语了，这些条件都刚好符合英国国王所说的要求。所以，这个婴儿——也就是英国国王的儿子，被英国国王推上了威尔士国王的宝座，成了"威尔士亲王"。从此以后，每任英国国王的第一个儿子都会在父亲死后，世袭成为威尔士亲王。现在，很少能见到会说自己的"母语"——威尔士语的威尔士人了，因为所有的孩子在学校里学的都是英语。如果你要去威尔士旅游，也不需要懂威尔士语，只要会讲英语就可以了，因为那里的人几乎都说英语。

英格兰还有一个邻国是苏格兰。它是英格兰的第二个邻国，两个国家也在同一座岛上，苏格兰就位于英格兰的北部。全球最好的高尔夫球场就在苏格兰。苏格兰以前是个独立的国家，拥有自己的国王，那里居住的人就是苏格兰人。你见过穿裙子的男人吗？在苏格兰，这并不稀奇。苏格兰的男人上身披着方形披肩，下身穿着短裙，脚上还会穿一双长袜子，袜子边卷到膝盖下面一点。即使是在最寒冷的冬天，他们的膝盖也会露在外面——苏格兰的天气大多时候都很寒冷。苏格兰的家族被称作"宗族"，每个宗族所穿戴的披肩和短裙都是由其特有的格子图案设计制作的。苏格兰语和英语并不相同，但它们之间又有一些相似的地方，比如他们都用"小孩"来称呼婴儿，用"小伙子"来称呼男孩，用"小姑娘"来称呼女孩，漂亮的女孩就叫作"漂亮的小姑娘"。

苏格兰有一种很特别的乐器叫风笛，它的主体部分是一个由猪皮做成的袋子，袋子上面有一根管子，还有几个小喇叭。乐手演奏风笛时，一边用手臂夹住袋子，一边用嘴吹那个管子，同时还要用手臂去按压袋子。当袋子里的空气都被挤压出来时，袋子上面的那些喇叭就会发出声响。风笛发出的声音并不悦耳，很像杀猪时猪发出的嚎叫声。

苏格兰有一个名叫格拉斯哥的城市，这里曾经是全世界最著名的大型船只制造基地。如今，它是英国第四大城市，也是苏格兰最大的城市。它位于克莱德河的西岸，而苏格兰的首府爱丁堡则位于克莱德河的东岸。就像多数英格兰人

苏格兰男子正在演奏风笛

都是圣公会教徒一样，多数苏格兰人都是长老会教徒，长老会就起源于苏格兰。

英格兰的第三个邻国是爱尔兰，这是一个盛产土豆的国家。不仅当地人很爱吃土豆，就连爱尔兰在地图上的样子也都极像一颗土豆。但实际上，土豆并非原产于爱尔兰，而是产自南美洲。土豆是在哥伦布发现美洲大陆以后，才慢慢被传到爱尔兰的。从此以后，爱尔兰人便开始大面积种植土豆。

爱尔兰岛一共由两个部分组成：一部分是北爱尔兰，也就是爱尔兰的北部地区，它与英格兰、苏格兰以及威尔士共同组成了大不列颠及北爱尔兰联合王国——英国；另一部分是爱尔兰岛南部的大部分地区，那是一个独立的国家，名叫爱尔兰。

爱尔兰人爱好讲故事，而且他们的故事也讲得非常好。其中有一个故事是这样的：很久以前，在爱尔兰的北部生活着一个巨人，他建造了一座具有魔法的大桥，一直能通向苏格兰。为了让你相信这个故事是真的，爱尔兰人通常会这样讲："看看那几千根石柱，它们从海边一直延伸到了海里，看起来还真像用打桩机打的。但是以前怎么会有打桩机呢？这一定是巨人做的！"爱尔兰人把这些石柱叫作"巨人堤"，意思就是"巨人的大桥"。

你平时会随身携带一块手帕吗？如果会的话，你的手帕是什么材质的？亚麻的，还是棉布的？如果是出席正式的场合，人们所用的手帕很有可能是来自爱尔兰的亚麻布手帕。亚麻布的原料就是亚麻纤维，亚麻布比棉布更结实、柔软，不过价钱也更贵。北爱尔兰的首府贝尔法斯特种植着大量的亚麻，那里的环境非常适合亚麻生长，所以早在17世纪，那里就成了世界上最大的亚麻工业中心。

因为北爱尔兰人的祖先是从苏格兰迁移过去的，所以大部分的北爱尔兰人和苏格兰人一样都是长老会教徒。

其实，爱尔兰岛的南部地区也曾经属于英国，但由于当地人不愿意服从英国的统治，所以他们就成立了一个独立的国家——爱尔兰，它的首都是都柏林。有趣的是，听说那里的人说的英语比英格兰人的发音还要纯正。当然，爱尔兰人说的另外一种语言就是爱尔兰语，这种语言的历史非常悠久，爱尔兰人在没说英语之前一直都说爱尔兰语。现在，在爱尔兰的硬币或者邮票上依然能够看到爱尔兰语。

与美国一样，爱尔兰也是个共和制国家，拥有自己的总统。

都柏林的南面有两座名字很奇怪的城市，一个叫作科克（译者注：发音与"瓶塞"相近），一个叫作基尔肯尼（译者注："基尔"与单词"杀死"拼写相同）。这里还有一个关于这两座城市的笑话：一个叫肯尼的人在喝姜汁时，不小心将瓶塞卡在了喉咙里，差点被卡死。于是有人就开玩笑地说："这可不是科克（瓶塞）应该走的路。"那个叫肯尼的人一边咳嗽一边说："这是去基尔肯尼（杀死肯尼）的路。"

科克的附近有一座荒废了很久的城堡，叫作"布拉尼城堡"。这座城堡的城墙上有一块大石头，传说只要有人去亲吻这块石头，他就会变得能说会道、伶牙俐齿。因此，这块石头被称为"巧言石"。每当遇到能说会道的人，爱尔兰人都会说："啊，你肯定亲吻过巧言石了吧？"

爱尔兰共和国的国教是天主教，爱尔兰人的祖先在耶稣还没出生时，就已经在那里生活了。一千多年前，罗马传教士来到了爱尔兰，并把罗马天主教传播到了那里。

爱尔兰雨水充沛，非常适合植物的生长，整个国家都被绿色覆盖。因此，人们也把爱尔兰称为"绿宝石岛"。爱尔兰的国旗由绿色、白色、橙色三种颜色组成。绿色也是三叶草的颜色，爱尔兰的国花就是三叶草。

你听说过圣帕特里克这个名字吗？圣帕特里克是爱尔兰的守护神。英国的国旗中有三个"十"字，其中一个"十"字代表英格兰的圣乔治，一个"十"字代表苏格兰的圣安德鲁，还有一个"十"字就是代表爱尔兰的圣帕特里克。

传说中，"巧言石"能使人变得伶牙俐齿

浪漫法兰西

■ 法国

先来给你做一道脑筋急转弯的题目吧：从前，有个小孩没上过学，更没上过法语课，但他会说一口标准的法语，这是为什么呢？其实答案很简单，因为他就是法国人啊。曾经在很长的一段时间里，很多国家的人都说法语，尤其是英国的王公贵族以及受过高等教育的人。他们只有对仆人说话时才讲英语，在其他时候他们都用法语交流。这是因为，当时的人们把说法语看作是身份高贵的象征。

英法两国之间的距离很近，只有50千米左右，中间隔着大海，但海上并没有建造大桥。将英法两国分隔开来的那条海峡叫作英吉利海峡，当然，也可以叫作法兰西海峡，因为这条海峡既不属于英国，也不属于法国。很多游泳健将曾试图穿越这条海峡，不过大多数人都失败了。如果是坐船，只要一个多小时就能穿过海峡；如果是坐飞机，那就更快了。

要想从英国穿越英吉利海峡到达法国，人们通常都会选择从多佛尔出发，在法国的加来靠岸，因为这是最短的路线。但是这条线路上经常出现大风大浪，船只在行驶时会异常颠簸，导致人们晕船。在这种情况下，这条线路就会显得十分漫长。所以，一些人就会选择稍远的路线，在别的地方靠岸。位于塞纳河河口的勒阿弗尔就是其中之一。以前，人们曾幻想有一条海底隧道横穿英吉利海峡，如今，人们梦想成真了。英吉利海峡隧道开通之后，英法两国人民之间的往来就方便多了。

在法国，你总能看到随风飘扬的法国国旗。法国国旗与美国国旗一样，也是由红色、白色、蓝色这三种颜色组成的。不过，它的样式却简单多了，只是将蓝、白、红三种颜色的竖条依次排列。法国街头的指示牌和建筑标志上写的都是法文，法国人说的是法语，欧元流通以前法国使用的货币叫作"法郎"。

巴黎是法国的首都，也是全国最大的城市，它位于塞纳河的上游。不同于英国的泰晤士河，塞纳河的河道非常狭窄曲折，河水也很浅。因此，只有小型船只才能在上面行驶。

塞纳河中央有一座小岛，岛上有一座大教堂，是为了纪念圣母玛丽亚而建造的。那座教堂就是鼎鼎大名的巴黎圣母院。巴黎圣母院已经有几百年的历史了，它是用石头和彩色玻璃建造的。教堂的前面有两座塔楼，中间有一座很高的尖塔，就像是一根直指天空的手指。用来支撑屋顶的是许多长长的石柱，如果没有这些石柱，屋顶就会塌下来。这些石柱被称为"扶墙"。屋顶周围有许多石雕的动物，这些动物的样子都很奇特、恐怖，有的像鸟，有的像野兽，还有的像魔鬼。这种石雕又叫作"怪兽石"。据说有了这些石雕，邪恶的灵魂就会被吓走，无法进入教堂。

巴黎还有另外一座十分著名的教堂——玛德莲教堂，它是为了纪念《圣经》

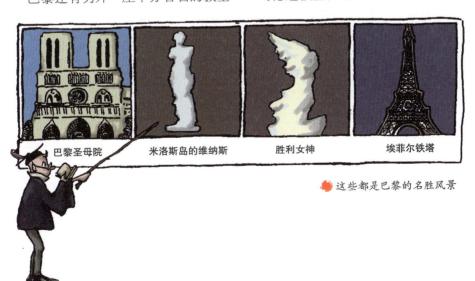

巴黎圣母院　　米洛斯岛的维纳斯　　胜利女神　　埃菲尔铁塔

🔴 这些都是巴黎的名胜风景

中另外一个玛丽亚建造的。玛德莲教堂比巴黎圣母院"年轻"许多，但它的建筑风格却显得比巴黎圣母院更加古老，很像耶稣诞生前的那种古老庙宇。在玛德莲教堂，你会看到许多石柱，却看不到窗户、塔楼、扶墙、尖塔以及圆顶。

法国曾经也有国王、王后、王子和公主，他们居住过的奢华的宫殿就保存于塞纳河畔。如今的法国是一个共和制国家，和美国一样，最高领导人是总统，而不再是国王。那些宫殿已被作为博物馆、艺术馆、图书馆等使用。众所周知的卢浮宫就是其中一个，那里收藏了许多知名的画作以及雕塑。

如果你给一个名人拍照，就算拍得再好、再逼真，照片也不会多值钱。但是画作就不同了，就算你画的不是一个名人，甚至也不逼真，它却有可能价值连城。卢浮宫里就有一幅这样的画作，画上的人物是一个微笑的女人，说到这里你可能已经猜到了，这就是达·芬奇所画的《蒙娜丽莎》。这幅画曾经被人偷走，不过那个小偷实在是太笨了！他偷了这么一幅举世闻名的画作，卖给别人的话就一定会被抓住，所以他就一直没敢把画卖掉。直到过了很久很久，这幅画才在另一个国家被发现。现在，它依然保存在卢浮宫里。

在耶稣诞生之前，人们认为世界上有许多神明，并且将自己头脑中的神的形象雕刻了出来。卢浮宫中就收藏着这样的两座雕像，一座是长着翅膀的天使雕像，另一座则是著名的爱神维纳斯雕像。维纳斯雕像完成于两千多年前，由大理石雕刻而成。由于它是在希腊的米洛斯岛上被发现的，所以也被叫作"米洛斯岛的维纳斯"。尽管维纳斯雕像失去了双臂，天使雕像连头也没了，但是在人们心中，它们却是非常完美的。

法国的国会大厦既没有美国国会大厦那样的圆顶，也没有英国国会大厦那样的尖塔。不过，巴黎却有这样一座建筑，它的圆顶就像美国国会大厦和英国伦敦的圣保罗大教堂一样。它既不是国会大厦，也不是教堂，而是位于巴黎荣军院的一块墓地。那里埋葬着两位法国著名的战士——拿破仑皇帝和福煦将军。拿破仑曾是法国的皇帝，他和美国的乔治·华盛顿生活在同一时期，拿破仑死后，他的遗体就葬在圆顶下的大理石棺材中。福煦将军则是第一次世界大战时期法军的总参谋长。

美丽的塞纳河畔有一座全世界最高的铁塔——埃菲尔铁塔。这座铁塔高达

324米，四条铁腿支撑着整个塔身。当你站在四条铁腿的中间抬头往上看时，你就会觉得自己仿佛站在一个巨人的脚下。

巴黎有许多漂亮的街道，其中要数香榭丽舍大街最为有名，它被誉为全世界最漂亮的街道。这条街道的两旁有许多郁郁葱葱的树木，它们沿着日落的方向延伸出去，景色十分漂亮。人们都说，天堂中的街道也不过如此，而"香榭丽舍大街"就是"天堂之地"的意思。

一位为国捐躯的法国士兵就埋葬在凯旋门下面

除此之外，巴黎还有许多漂亮的广场，其中最漂亮、最著名的莫过于协和广场。在广场的中央，有一座叫"克娄巴特拉方尖碑"的纪念碑，它是由一整块石头做成的。协和广场位于香榭丽舍大街的一侧，大街的另一侧则是一座巨大的拱形门，它的名字你一定不陌生，叫作"凯旋门"，意思就是"胜利之门"。凯旋门并不允许任何交通工具通过，因为凯旋门底下埋葬着一位法国无名战士。那里还有一团火焰在不分昼夜地燃烧着，以纪念在第一次世界大战中为国捐躯的法国士兵。

法国人总是钟情于一些漂亮的物品，比如画作、雕塑、建筑等，而且他们在这些方面颇有造诣。巴黎是一个艺术圣地，许多美国的年轻人跑到这里来学习雕塑、建筑等艺术。

法国人对美的追求体现在生活中的方方面面，比如他们喜欢漂亮的帽子、衣服、美食，还喜欢优雅的言谈举止等。美国的服装设计师会来到巴黎学习最流行的服装设计理念，美国的高级酒店也请来了不少法国的大厨。但有一点很令人费解，这些著名的服装设计师或者厨师往往都是男性。如果你在美国的酒店就餐，就可以观察一下，美国的许多大酒店都是用法语来书写菜单的。美国的厨师不但学会了如何烹饪美味的法国大餐，就连这些法国菜的名字也会写了。任何普通的食材，只要经过法国厨师的处理，就能变成美味的食物，就像最普通的骨头和面包到了法国厨师的手里，都能变成可口的汤。在美国，无论是什么汤，都被称为"汤"；但在法国，却有"肉汤""浓汤"之分，光是听名字就让人觉得很有食欲。通常而言，如果一道菜的名字很好听，那么它的味道也不会差。

在美国，人们通常会选择在安静的室内吃饭，而不希望被打扰。法国人却刚好相反，他们十分喜欢在热闹的室外吃饭，比如在喧闹的大街旁，这样他们就能一边吃饭，一边看到来来往往的行人，行人也能看到正在就餐的人。正因为如此，法国的许多知名餐馆都开在这样的地方。美国人在吃饭时通常会配上一些牛奶、咖啡或者茶，法国人也喜欢在吃饭时喝点什么，只不过他们喝的并不是牛奶、咖啡或者茶，而是酒。这种酒，就是由葡萄酿造的葡萄酒。法国有许多大大小小的葡萄园，里面种植的葡萄都会用来酿酒。

法国人对于衣着也十分讲究。我们知道，布料的材质有许多种，有亚麻，有棉花，有羊毛，有丝绸……像亚麻、棉花和羊毛做成的布料都比较实用，而丝绸布料主要是为了体现美观。爱尔兰人喜欢穿用亚麻布制成的衣服，英国人喜欢穿用棉布或者羊毛制成的衣服，而法国人则喜欢穿用丝绸布料制成的衣服，因为丝绸布料非常漂亮。亚麻和棉花都来自植物，羊毛来自绵羊，你知道丝绸布料来自什么吗？其实，丝绸是来自一种小昆虫，这种昆虫叫作蚕，丝绸就是用蚕所吐出的丝织成的。蚕在成长的过程中，还能变成美丽的蝴蝶或是飞蛾。在种庄稼时，农民通常会用农药杀死啃食庄稼的昆虫，这些昆虫被人们称作害虫。但是蚕却是一种益虫，它能提供给人类蚕丝，所以人们会专门用一种树叶来养蚕，就像养鸡、养鸭那样，那种树叶就是桑树叶。法国有一条河叫罗讷河，罗讷河的山谷里就种植了大量的桑树，这些桑树就是为了给蚕宝宝提供食物而种植的。

当蚕吃了足够多的桑叶后，它就可以吐丝了，一只蚕吐出的丝最长可达400米。蜘蛛织网是为了捕捉食物，而蚕吐丝则会把自己给包裹起来，绕成一个密封的椭圆形的球，这就是人们常说的茧。蚕变成了蚕蛹后，开始呼呼大睡，苏醒之后，它们就会破茧而出，变成美丽的飞蛾。但是为了制作丝绸，人们是不会让蚕变成飞蛾的，他们会把正在呼呼大睡的蚕蛹放进开水中煮，等到蚕茧变软，人们再小心翼翼地把蚕丝分离出来。蚕丝经过加工就会变成漂亮的丝绸，人们再用丝绸去做衣服、袜子、缎带以及女性喜欢的各种各样的产品。欧洲最著名的丝绸产地就在罗讷河畔，它就是法国的另一座城市——里昂。

爱美的女士喜欢去巴黎购买漂亮的服饰

罗讷河一直向南流去，最终流向里昂湾，里昂湾则是地中海的一部分。里昂湾附近最有名的城市是马赛，马赛是仅次于巴黎的法国第二大城市，历史却比巴黎悠久许多。马赛位于罗讷河畔，来往的船只一般都停靠在这里，所以马赛港又是法国最大的港口。

法国还有一样东西闻名于世，那就是备受女性青睐的香水。这些香水提取于漂亮的鲜花、带有香气的小草或是野草中，这些植物里有一些特殊的物质，经过加工之后，就能变成芳香无比的香水。因为一大片花田才能产出几小瓶香水，所以别看一瓶香水的容量很少，但它的价格很昂贵，有的一小滴就要1美元呢！

法国人不仅种植桑树、葡萄和鲜花，还会种植许多东西。法国的农民很多，他们通常都住在乡村的家中，而不住在农场里，他们每天都会往返于农场和家之间。

从5岁开始，我就用存钱罐存钱了。当我12岁的时候，我已经存了整整100美元了。那个时候，我感觉自己非常富有，像个百万富翁一样。法国人也像我一样喜欢存钱，即使赚的钱不多，他们也会存下一部分钱。因此，在法国，就算是穷人也会有一笔存款，这些钱都会留到他们退休后使用。在法国，就算是年轻的女孩也有存钱的习惯，等到她们结婚时，她们就用这些钱来买房子、家具等，这就是所谓的"嫁妆"。当然，一些女孩的嫁妆是由父母准备的，如果父母没有为她准备嫁妆，女孩就只能自己存钱来买了。有些人的嫁妆可能高达几万美元，有些人的嫁妆只有几千美元，但不管价值多少，嫁妆是必须有的。因为法国人觉得，只有出嫁时有嫁妆的女孩才会在婚后过上幸福的生活。

高山上的国家

■ 瑞士

荷兰是欧洲海拔最低的国家，而欧洲海拔最高的国家则是瑞士。

在荷兰，你几乎看不到一座低矮的山丘，整个国家就像一个平坦的足球场。在瑞士，你也几乎看不到一座低矮的山丘，因为你所看到的都是巍峨的山脉。欧洲最高的山脉就在这里，它就是世界闻名的阿尔卑斯山脉。

众所周知，甜甜圈的中间有一个洞，但如果没有了那个洞，甜甜圈也就不能叫作甜甜圈了。山脉也是一样，对于山脉来说，山谷就是它的"洞"，如果没有山谷，也就不会有连绵不断的山脉了。阿尔卑斯山的山顶始终被积雪覆盖，但是你能想象得到吗，它的山谷却是另外一番景象。在那里，到处是绿意盎然的美景，牛儿和羊儿惬意地啃食着鲜嫩的青草，它们脖子上的铃铛发出一阵阵清脆的响声，山顶的积雪融化后流下，形成了一处处美丽的溪流和瀑布。

你看到过屋顶的积雪突然成片地滑下来吗？你是否被它吓到过呢？这种现象被人们称为雪崩。请你想象一下，如果把屋顶换成1千米长的山坡，山坡上的积雪突然全部滑落下来，那是多么可怕和危险啊！在瑞士，这样的雪崩时有发生，最严重的时候，滑下的积雪甚至会把整个村子都掩埋起来。

这里有许多又长又宽的山谷，山谷中都会有许多积雪，当积雪变成冰时，山谷看起来就像是一条被完全冻住的大河。因此，人们把这些山谷里的冰称为

"冰川"。

地球上大部分河流的源头是泉水，但在瑞士，大部分河流的源头都是冰川融化的冰水。瑞士最大的冰川之一是罗讷冰川，它和一条名叫"罗讷河"的河流有着千丝万缕的联系。罗讷冰川慢慢融化后，会形成涓涓溪流，溪水顺流而下流入山谷，到达山谷后还会有其他溪水汇入，这些溪水汇成小河后继续前行，最后就形成了一条宽阔的大河，那就是罗讷河。罗讷河也不会就此停步，它还会继续前行，直到最后流入一个宽大的山谷中，慢慢积累形成了瑞士最大的湖泊——日内瓦湖。

罗讷河流入日内瓦湖之后也并未停止前行，它会穿过日内瓦湖，从湖的另一边流走，不久就会流经法国的里昂市。在那里，它会途经里昂的桑树林、养蚕场和丝绸加工厂，最终流入地中海。

欧洲还有另外一条大河，它的名字跟罗讷河有点相似，它就是著名的莱茵河。与罗讷河一样，莱茵河的河水也是来自冰川融水。莱茵河向西北流经法国、德国、荷兰，最后汇入北海。

全世界有不少登山爱好者，他们都认为登山是一项既刺激又有趣的活动，而且山路越崎岖，山峰越陡峭，就越能激发他们的挑战欲。阿尔卑斯山最高的山峰叫"勃朗峰"，人们也叫它"白山"。这座山峰一部分在瑞士境内，另一部分，也就是顶峰的部分是在法国境内。一到夏天，就会有很多登山爱好者来攀爬勃朗峰或者阿尔卑斯山的其他山峰。为了攀登山峰，登山爱好者们会准备许多工具，他们在攀登时会借助一根末端钉有钉子的棍子，穿着一双脚下带有钉子的登山鞋，以防在冰雪上滑倒。有时候，他们还会请来一位熟悉路线的向导带路。登山时，所有人都要系在一根绳子上，如果有人摔倒，其他人就可以把他拉起来。但不管准备得多么充分，登山都是一项充满危险的运动，每年都会有很多人在登山时丧命。

在众多登山爱好者的心中，瑞士的马特峰才是最难攀爬、最具有挑战性的山峰。从山脚下往上看，马特峰就像一个造型奇特的巨大三角形。不过，并不是所有人都敢挑战马特峰，只有那些经验非常丰富并且异常勇敢的人才敢攀爬这座山峰。一些人冒着生命危险攀登顶峰，就是为了能眺望山下的美景。但更多人的攀登目的非常简单，就是为了向别人证明："我能做到！"

来瑞士旅行的人非常多，但他们不光是为了登山而来，他们中的大部分人是为了欣赏那些美丽而壮观的雪山而来的。为了满足这些游客的需求，瑞士人在有雪山、瀑布和其他美景的地方都建造了酒店供游客居住。据说，瑞士人非常善于经营酒店，瑞士的酒店行业在全球也是最发达的。除了这些，瑞士还有很多在全球享有盛誉的东西，比如美味的瑞士巧克力，醇香的瑞士奶酪，精致的瑞士军刀、手表，以及瑞士木雕，还有十分有趣的布谷鸟自鸣钟和牛颈铃等。

为了保卫国家的安全，每个国家都会建立军队，大部分的国家设有海军和陆军。但瑞士是个例外，因为没有邻海，所以并没有设立海军。瑞士拥有非常多的高大山脉，这些山脉形成了一道天然的屏障，可以很好地阻挡敌人的侵略。所以，瑞士的陆军也不多。在两次世界大战爆发时，瑞士周围的许多国家都参与了战争，只有瑞士一次也没有参加。

瑞士周围有三个邻国，它被这三个国家紧紧包围着，这三个国家分别是法国、德国和意大利。瑞士并没有属于自己国家的语言，和法国接壤的地区就说法语，和德国接壤的地区就说德语，和意大利接壤的地区就说意大利语。还有不少瑞士人同时掌握这三种语言。

虽然瑞士有许多高大的山脉，但如果你要去瑞士，并不需要翻山越岭。其实，山与山之间也有地势较低的地方，这些地方就是山谷。而瑞士人则把这样的地方称为"山口"。瑞士最著名的山口莫过于辛普朗山口，当年，拿破仑就是从这里率领军队进入意大利的。现在要

马特峰

想去瑞士就容易多了，因为很多地方都挖了隧道。

圣哥达隧道是世界最长的隧道之一。当时在挖掘这条隧道时，人们分成了两队，分别从山的两头同时开工，挖到中间的时候，他们就会合了。很多人会觉得这太神奇了：这条隧道那么长，工人们分别从两边挖，他们彼此看不到，居然能在中间会合。参与挖掘的工人却不以为然："这怎么能算神奇呢？我们又不是像动物那样随意地挖洞，而是按照精确的计算来挖掘的，如果碰不到才叫神奇呢！"

瑞士还有一条世界闻名的隧道，它就是辛普朗隧道。它位于辛普朗山口下，连接着瑞士与意大利。这条隧道全长达到了19.8千米。我曾经徒步穿越这个山口，花费了整整两天的时间；我也曾坐火车穿越这个山口，只需要16分钟。

辛普朗山口顶上有一座救济院，里面有许多传教士。在穿越辛普朗山口的时候，我曾经在这里居住过。而人们建造这所救济院的目的，就是为了能让行人在旅途中有个歇息的地方，遇到暴风雪的时候也可以避一避。救济院里的传教士都很善良，他们在山间小路上建造了许多小屋，还养了一些圣伯纳德犬。圣伯纳德犬是一种非常聪明、强壮的狗，经过训练之后，它们可以在暴风雪中寻找那些迷路者或是被埋入雪中的人。传教士在这些狗的脖子上系上一个小桶，桶里面装着酒或者面包。圣伯纳德犬的嗅觉异常灵敏，它可以闻到被深埋在雪里的人的气味，然后把人从雪里刨出来，摇醒他们，再把他们拖到附近的小屋里。被救者可以吃桶中的食物来补充体力，直到体力充沛并且暴风雪停止之后，就可以继续上路了。无论是穷人还是富人，好人还是坏人，他们都可以在这里停留、休息，也可以获得食物，救济院的人不会向他们收取任何报酬。

🟢 圣伯纳德犬是人类忠实的朋友

曾经的帝国

■ 意大利：罗马

圣彼得大教堂的圆顶

两千多年前，无论你从世界上的哪个地方出发，只要你一直走，不停地走，都能走到一个叫罗马的地方。所以才有了那句非常有名的话，"条条大路通罗马"。

当时，罗马是全世界最大、最美丽、最富有，同时也是最重要的城市，是整个世界的中心。

罗马城建在7座大山之上，当时，"7"被看作是非常吉祥的数字。有一条河恰好流经罗马，它就是台伯河。古罗马人经常向一位叫作"台伯老人"的神明祈求，保佑他们可以顺利地在台伯河上行驶，因为他们认为是这个"台伯老人"在控制着台伯河。

曾经的帝国已经逝去了，我们再也不能见到古罗马昔日的辉煌了，留给我们的只有一片残垣断壁……但是在人们心中，罗马却是永恒的。古罗马消失了，新罗马又慢慢地成长、发展起来。虽然它不再是世界的中心，但依然是意大利的首都。

罗马还是全球天主教的圣地。自从公元2世纪起，天主教就开始兴盛于罗马。这里一共有700多座教堂与修道院，7所天主教大学。在罗马城中，还有一个独立的小国——梵蒂冈，这里是天主教教皇和教廷的驻地。梵蒂冈到1929年才宣告独立，之前一直是罗马的一部分。

人们认为，被钉在十字架上处死的圣彼得的遗骨就埋在罗马。据说，自从圣彼得死后，人们每天都会在埋葬他的地方举行一次宗教仪式，直到今天，这个仪式已经持续了1900多年。不过在最初，这个仪式并不被法律允许，人们只能在夜晚偷偷进行。因为，那时的罗马人并不信奉甚至排斥基督教，如果有人举行仪式被发现，他就会被关进监狱，甚至因此丢掉性命。但是在几百年后，人们在这里建造了圣彼得大教堂，它是全世界最大的教堂。

圣彼得大教堂的屋顶也是圆形的，它是仿照佛罗伦萨大教堂由勃鲁涅斯基设计的圆顶而建造的，而且比那个圆顶大得多。你知道这座教堂的设计者是谁吗？他就是名满世界的艺术家——米开朗琪罗，他既是一位伟大的建筑家，又是一位卓越的雕塑家和画家。圣彼得大教堂非常非常大，大到超乎你的想象，它的屋顶上建有许多小房子，这些小房子形成了一个小村子，看守教堂的人就住在这个村子里。

无论任何时候，圣彼得大教堂的前门总是敞开的，前门的右侧还有一扇铜门，但这个铜门却每隔25年才会打开一次。人们把这扇门称为"圣门"。这扇门平时被一些石头围起来，只有在每次开启的时候，人们才会把石头推翻，再打开青铜门。圣彼得大教堂最多能容纳30场仪式同时进行，为了与这座高大的建筑相匹配，教堂内部的摆设也被设计得很大，里面的天使雕像就像巨人一样高大，鸽子雕像也犹如雄鹰一般。当然，也有一部分雕像与实物大小相同，比如圣彼得的雕像。每年，这里都会迎来无数世界各地的天主教徒，只要他们来到这里，就会亲吻圣彼得雕像的双脚。

人们会在每个复活节或其他宗教庆典时，将圣彼得大教堂打扮得漂漂亮亮的。

🟠 庄严的圣彼得大教堂

他们会将深红色的绸缎挂在教堂里，然后点上几千支蜡烛，唱诗班的孩子们唱起圣歌，站在圣坛上的人负责点香。接着，数百名盛装打扮的牧师，头戴红色帽子、穿着红色长袍的红衣主教，以及一袭白衣的教皇就会庄严而缓慢地走进教堂，一直走到高高的圣坛上。圣坛的位置就是1900多年前圣彼得被处死的地方。

圣彼得大教堂旁边有一座很大的房子，那就是罗马教皇居住的地方，它叫作梵蒂冈宫。我们一般居住的房子最多也就十几个房间，但是据说梵蒂冈宫里有一千多个房间呢！至于这个说法是真是假，就不得而知了，因为没有人真的去数过。梵蒂冈宫的很多房间里收藏着宝贵的文物，比如名画和雕塑，因此吸引了许多游客前来参观。

罗马教皇还有一个私人的教堂，叫作西斯廷教堂，这座教堂不大，教皇一般在这里做礼拜。这里的天花板和墙壁上都留下了米开朗琪罗的大作，但你不得不抬头去欣赏这些画作，如果你想舒服地欣赏它们，也可以躺在地上或者借助镜子。

罗马有一座叫作万神庙的教堂，顾名思义，里面供奉着很多神明。这是因为，在圣彼得还没有出现之前，罗马人信奉的神明非常多，万神庙就是他们为了供奉这些神明而建造的。万神庙也是一个圆顶的教堂，但是又和圣彼得大教堂的圆顶不同。圣彼得大教堂的圆顶看起来像是一个倒扣着的杯子，而万神庙的圆顶则像是一个倒放的大茶碟。当时人们在建造万神庙的时候，并没有建造窗户，而是在房顶上留下了一个大洞，这个洞就像是一只望向天堂的眼睛。出太阳时，阳光会通过这只"眼睛"照进教堂里；下雨时，雨水也可以从洞口落入教堂内。不过，这座教堂的地板却从来不会被雨水打湿，总是干燥的。这是为什么呢？原来教堂的屋顶实在是太高了，雨水早在下落的过程中就已经蒸发掉了。

在罗马，许多耶稣时代的建筑已经变成了残垣断壁，只有万神庙完好地保留了下来，它看起来还跟刚建成时没什么两样。2000多年以来，那些古老建筑的遗迹就这样被厚厚的尘土掩埋，现在的罗马城要比那些遗迹高出5米以上。如果你想要看到它们，就必须把它们从土里挖出来才行。

罗马人曾经建造了一座闻名于世的广场——罗马广场。广场上有许多华丽

曾经，人与野兽之间的生死决斗经常在古罗马竞技场上演

的宫殿、法院、寺庙以及拱门。你知道他们为什么建造拱门吗？这是为了迎接那些从战场上凯旋的战士。在众多拱门中，最有名的莫过于提图斯凯旋门。很早以前，提图斯是罗马帝国的皇帝，他率领军队攻占了耶路撒冷。

为了庆祝这次远征的胜利，人们修建了这座凯旋门，并以皇帝提图斯的名字命名。另外的一扇拱门也很有名，它就是为了纪念君士坦丁而建造的君士坦丁凯旋门。君士坦丁也是罗马帝国的一位皇帝，不仅如此，他还是第一位信奉耶稣的罗马皇帝。不过，那已经是耶稣去世300年后的事情了。

古罗马人有个很特别又很残忍的喜好，那就是观看人类与老虎、狮子等猛兽打斗厮杀的场面。这些被迫与野兽搏斗的人，不是战争俘虏，就是被判处死刑的基督教徒。古罗马人还特意建造了一个大型的剧场，用来观看这种人与兽的厮杀，就像在运动场里观看足球比赛一样。这个剧场就是著名的古罗马竞技场。如今，古罗马竞技场依然矗立在那里，只不过一部分已经损毁，但是你仍旧可以找到以前关押野兽的地方。

当时的罗马人都很排斥基督教，所以基督教徒并不敢公然举行宗教活动，只能在地下的洞穴中偷偷地进行。罗马城里有许多这样的洞穴，看起来就像地窖一样。基督教徒生前在这里进行祭拜活动，死后也会被安葬在这里。后来，人们就把这些地方称为基督徒地下墓穴。你能想象得到吗，到目前为止，这些地方至少埋葬了几百万的基督徒。

熊之国

■ 俄罗斯

当我还是一个小男孩时，我最喜欢听的就是关于俄罗斯狼群的故事。故事是这样讲的：一群俄罗斯人在乘着雪橇前进时，突然遭遇了一个狼群，他们为了摆脱狼群，便加快了雪橇的行进速度。但是饥饿的狼群并没有就此罢休，它们也加快了速度，紧紧地追赶着雪橇。眼看狼群就要扑过来，人们只好将随身携带的一些食物使劲地扔出去，这样，狼群便会向食物跑去。不过，在狼群大快朵颐之后，它们依然会追上雪橇。如此一来，雪橇上的人们就得不停地往下扔食物，直到食物被扔光为止。你觉得这个故事的结局会是什么呢？我就不告诉你答案了，你还是发挥一下想象力，自己编个结局出来吧。

在听完这样的故事以后，我一直觉得俄罗斯应该有许多狼群，可以说是"狼的国度"。但是后来我才发现，人们更习惯称俄罗斯为"熊之国"。

俄罗斯的国土面积非常大，它地跨欧亚两个大洲，是欧洲最大的国家。欧洲其他国家的国土面积全部加在一起，都没有俄罗斯的面积大。

如果你觉得整个俄罗斯都被冰雪覆盖，那就大错特错了。俄罗斯的北部确实是一片冰天雪地，有狼群，也有滑雪橇的人，但俄罗斯的中部和南部并不是这样。俄罗斯的中部相对比较温暖，而南部就更加暖和了。

俄罗斯的北部异常寒冷，到处被积雪覆盖，冻土也很深，即便是在夏天，地下的冻土依然坚硬无比。这就叫冰原。在俄罗斯的北部地区，冰原有几千平方千米之广。

俄罗斯的周围有两片海域，它们都以颜色命名，北部的是白海，南部的是黑海。白海一年四季几乎都被冰雪覆盖，我想这应该就是它叫白海的原因。不过到了夏天，白海海域也会解冻。在这段时间里，会有许多载着各种各样货物的大型船只进入白海，然后在阿尔汉格尔斯克停靠。阿尔汉格尔斯克就是白海的主要港口。

或许你会问："为什么人们要在这么寒冷的地方居住呢？为什么不住到更温暖的地方去呢？"的确，人们一般都会选择在温度适宜的地方停留、居住。城市也是这样发展起来的：先是有几个住户、几所房屋，接着住户和房屋越来越多，最后形成了城市。不过，在阿尔汉格尔斯克南方的某个城市却是个例外，这个城市就是一次性建成的。当时，俄国的统治者沙皇彼得很喜欢航海，为了能够随时出海，他下令在海边建造一座城市，并在城市里建造了街道、房屋、商店以及宫殿。城市建立之后，他就命令一批人搬到这个城市去居住，从此这里就有了居民。并且，这座城市也是以他的名字命名的，叫作圣彼得堡，意为"圣彼得的城市"。这是发生在距今300多年前的事了。

在第一次世界大战时，俄罗斯也加入了战争，因为与德国是敌对关系，且德国有许多城市是以"堡"命名的，所以俄罗斯人就把圣彼得堡改名为彼得格勒。"彼得格勒"在俄语中意为"彼得的城市"。后来，人们厌倦了战争，发动革命推翻了沙皇的统治，成立了新政府。这场革命的领导人就是列宁。为了纪念他，人们又将彼得格勒更名为列宁格勒，意为"列宁的城市"。这

🔵 俄罗斯的男人与女人

座城市从前一直都是俄罗斯的首都,直到有一天,人们实在忍受不了当地的寒冷,就将首都南迁到了一个气候更适宜的城市,也就是现在的首都莫斯科。

莫斯科有一片被围墙围起来的区域,里面不仅有房屋,还有宫殿和教堂,这个地方就叫作克里姆林宫,相当于俄罗斯的"国会大厦"。克里姆林宫里有一个非常大的铃铛,也是俄罗斯有史以来最大的铃铛,可它并不会发出响声。不过,它也不是一开始就不会响,只是挂它的塔楼失火后,它掉了下来,摔坏了才不响的。所以,这个大铃铛就只能伫立在那里供人们欣赏了。

俄罗斯人非常喜欢铃铛,所以莫斯科有许多大铃铛——也就是大钟。每到周日,数以千计的大钟就会一起发出声响,声音之巨大,不管你在莫斯科的哪个角落,都能够听到。这钟声还会从早晨一直响到太阳落山。

俄罗斯有许多教堂,它们大多是基督教堂。在俄罗斯人眼中,莫斯科就是最神圣的城市,就像罗马城在罗马教徒心中的地位一样。人们在教堂里只能站着或者跪着祷告,因为这里并没有座椅。对于虔诚的教徒而言,即便这样祈祷好几个小时也不算什么。

俄罗斯的农民非常多,这些农民基本都是虔诚的教徒,他们会在家中挂上耶稣或者其他一些圣人的画像。每当经过画像或外出的时候,他们都会在胸前画十字祷告;同样,从外面回来时也要这样祷告。

莫斯科附近有世界上最大的市场之一——诺夫哥罗德,俄罗斯各地的人都会来这里做买卖。但是这个市场只在夏天的两个月内开放,所以前来赶集的人们会尽量买够所需的物品,不然就要等到下一年了。

🔵 这座大钟已经不能发出声响了

小国之美

■ 中东欧

世界上有成千上万的城市，其中有许多你都不知道；同样，那里的居民很有可能也没听说过我们所在的城市。在欧洲中东部地区，有一些国家，它们面积并不大，对于其他人而言，这些国家根本无足轻重。但对于那些国家的居民而言，它们都非常重要。如果你不喜欢收集邮票，那么你很可能从没听说过它们。在这些国家当中，大部分国家的名字都是以拉丁语"ia"结尾的。

有一个以"兰"字结尾的国家，那就是波兰，"波兰"就是"平坦之地"的意思。正如它的名字一样，波兰地势平坦，国土的大部分都是平原。这里煤矿资源丰富，农田也很多。另外，世界上有许多知名的音乐家也来自这里。

波兰以南曾经有个狭长的国家，叫作捷克斯洛伐克。它原来以生产玻璃器皿和瓷器而闻名，我家里就有一套那里出产的瓷器，上面印着"捷克斯洛伐克制造"。不过现在这个国家已经不存在了。为什么呢？因为在1993年，捷克斯洛伐克已经分裂成捷克共和国和斯洛伐克共和国两个国家了。

很久以前，这片大陆上有一个非常厉害的国家——奥匈帝国，不过现在它也变成了两个国家：一个是奥地利，另一个是匈牙利。欧洲另外一条著名的河流——多瑙河，就流经这两个国家。这条河与莱茵河齐名，许多童话故事、音乐和诗歌都与它相关，其中就包含那首广为人知的华尔兹舞曲《蓝色

🟣 捷克首都布拉格的老城广场

多瑙河》。

奥地利的首都是维也纳，它被誉为"美食之城"，即便你不曾去过维也纳，你也一定吃过维也纳面包卷。在美国，也有许多维也纳风味的餐厅。

"匈牙利"的意思是"匈奴人的土地"。匈牙利的主要农作物是小麦。匈牙利最有名的菜肴应该是匈牙利红烩牛肉，这道菜里添加了很多调料，味道十分浓郁。你在美国的餐馆里也会看到这道菜。在匈牙利风情的餐馆里，你还能听到管弦乐队演奏的动听的匈牙利音乐。这种音乐非常有特点，节奏时缓时急，越到后面就越激烈。

你找人算过命吗？给你算命的是吉卜赛人吗？吉卜赛人以算命为生，浪迹全球各地。这些吉卜赛人的老家在匈牙利旁边的罗马尼亚。罗马尼亚濒临黑海，据说罗马人最先迁移到这里，所以这个国家才会被叫作罗马尼亚。也难怪，现在的罗马尼亚语和意大利语听起来还真有点相似。

保加利亚也位于黑海边上，这里有广袤的森林、绵延不断的山脉，以及一望无际的农田，是一个物产丰富的国家。在森林里，生活着野熊、野猫、野猪，还有一种这里特有的野山羊——北山羊。另外，这里还有一种叫"岩羚羊"的羊，它的外形酷似山羊，毛皮质地柔软，通常被用来制作皮衣和擦车布。不过，现在我们也会用其他材料仿制羊皮。

保加利亚还有另外一种特产——玫瑰精油。保加利亚的香料制造业全球闻名。这里种植着大片的玫瑰田，人们将玫瑰作为原料生产玫瑰精油。这个玫瑰精油的价格非常昂贵，因为一小瓶玫瑰精油就要消耗一整个屋子的玫瑰花瓣！

名字以"亚"结尾的还有一个国家——阿尔巴尼亚，这是一个以农业为主的小国，种植庄稼和养殖牲畜是阿尔巴尼亚人的主要生存方式。这里的男人穿着非常奇特，他们会穿一种用白色布料做成的及膝的裙子，就像跳舞时穿的那种大裙摆的裙子一样。

南斯拉夫曾经是一个与意大利隔海相望的小国，铜矿资源丰富，森林广袤。这个国家不仅出产铜矿多，拥有的民族也很多。后来，这个国家分裂成了好几个国家，它们分别是：塞尔维亚、黑山、克罗地亚、斯洛文尼亚、马其顿、波斯尼亚和黑塞哥维那6个共和国。

当我听到一个名字的时候，我的脑海中就会浮现出与它相关的各种东西，比如：

当听到"乔治·华盛顿"，我就会想起那棵被砍倒的樱桃树；

当听到"纽约"，我就会想到摩天大楼；

当听到"波兰"，我就会想到音乐；

当听到"奥地利"，我就会想到维也纳面包卷；

当听到"匈牙利"，我就仿佛听到了《蓝色多瑙河》的旋律；

当听到"罗马尼亚"，我就好像看到了热情洋溢的吉卜赛人；

当听到"阿尔巴尼亚"，我就会想到穿着白色裙子的男人……

🌸 匈牙利境内的多瑙河

诸神之国

■ 希腊

你还记得你看过的第一本书是什么吗？我清楚地记得，我小时候看的第一本书是《伊索寓言》。这本书的作者是伊索，他曾经是一个奴隶，生活在一个叫希腊的国家，他写了许多寓言故事，他的主人在看过他的寓言之后，就恢复了他的自由。这本《伊索寓言》最初是用希腊语写的，不过后来被人们翻译成了各种语言，我看的则是英语译本。

希腊是个国土面积很小的国家，就位于欧洲南部的一个角落里。如果你在地图上找到它，只需要用一个指尖就可以盖住它全部的国土面积。尽管希腊这个国家并不大，却曾经是世界上最强大的国家，希腊语则被誉为世界上最伟大的语言。

古希腊人很早就已经创作出伟大的书籍、宏伟的建筑，以及出色的学派。其中有一部书非常有名，你肯定不会陌生，它最初就是用希腊语写成的，后来又被翻译成800多种语言，它的读者也是全世界所有书中最多的——这本书就是《圣经》。

实际上，古希腊人最初并不信仰耶稣以及《圣经》。他们的信仰是神，而且是很多神。在他们看来，世界上的神不止一个，而是有很多，那些神就居住在一座叫作奥林波斯山的山顶上。这座山高耸无比，直冲云霄，时至今日依然屹立不倒。如果你只是为了看一看是否有神而爬上山顶，你可能会感到失望，因为那里并没有传说中的神。在古希腊人眼里，所有的自然现象都是神的所作所为：当太阳升上天空时，他们认为是太阳神阿波罗正驾着战车经过；当天空下雨时，他们觉得那是天神宙斯在往大地上浇水；当天空出现电闪雷鸣时，他们又会认为那是宙斯的心情不好，正在发脾气呢。除此之外，他们还认为有一个爱神在掌管爱情，一个战神在掌管战争。总之，在他们眼中，世间万物都是由神来主宰的。

希腊的国土分为两部分，就像是南美洲和北美洲一样，只不过是缩小版的。希腊的这两个部分由科林斯地峡隔开，这个地峡只有大约6千米宽。希腊有一座城市，叫雅典，它在全世界都很有名。这座城市为什么叫"雅典"呢？这是因为古希腊人相信这座城市是被神所庇佑的，这位神就是掌管智慧的智慧女神雅典娜（别名"帕提农"），所以他们就以女神的名字命名了这座城市。不仅如此，他们还在高山上建造了一座世界上最宏伟的神庙，也冠以女神的名字，这座神庙就是著名的帕提农神庙。这座神庙里有一座非常宏伟的雅典娜雕像，它是用黄金和玉石共同制作而成的。不过很可惜的是，这座雕像后来就不翼而飞了，没有人知道它在哪里。而这座神庙也未能幸免于难，它在后来的战火中变成了一片废墟。后来，神庙里的各种精美绝伦的雕像都被带到了伦敦，就放在大英博物馆中。如果你想见见这些漂亮的雕像，那就只能去博物馆看

雅典的帕提农神庙

如今这里已是一片废墟

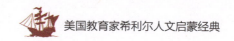

了。雅典城中还有许许多多的神庙，这些神庙不同于基督教堂，它们没有尖塔，也没有圆顶，外面却有一堆石柱。

雅典的附近有一座山，叫彭特利库斯山，雅典城里那些古老的建筑和雕塑所用的大理石都来自这里。有人曾说，古希腊人之所以能建造出震惊世界的精美建筑和雕塑，完全是因为他们拥有上好的大理石。可是，现在的彭特利库斯山上依然有很多大理石，却没有人能够用其创造出那么精美的东西了。

你无法想象古希腊人是多么相信神，他们经常会去神示所算命。在离雅典不远的地方，有一个叫德尔斐的城市，那里有一个非常有名的神示所。这个神示所的地上有一条裂缝，总有一些气体从裂缝中冒出来。传说这个裂缝上方坐着一位叫西比尔的女神，她的上方则是一座神庙。一般在做手术之前，医生都会用麻药让我们失去知觉，甚至进入睡眠的状态，而那个裂缝里冒出的气体，据说也能使女神安然入眠。睡梦中的女神可以未卜先知，替人们占卜命运。因此，世界各地的人们都赶到这里，聆听神谕。很可惜，德尔斐神示所的女神雕像也遭遇了与雅典娜女神像同样的命运，消失不见了，没有人知道它是什么时候不见的，又是如何不见的。

如果我问你，你会说希腊语吗？你的答案多半是否定的，但其实你也会说一点希腊语。因为英文中的"音乐""博物馆"以及"娱乐"这几个词就来自希腊语。这三个词语得名于九位漂亮的缪斯女神。这九位女神曾经住在德尔斐的一泓清泉旁，这泓清泉被称为"诗之泉"。传说中，人们只要喝了这里的泉水，就能拥有创作诗歌或音乐的灵感。现在，德尔斐依然保留着这泓清泉，来来往往的行人和动物都会在这里饮水，这泉水虽然不像传说中的那么神奇，却十分清凉可口。

希腊很早就开始举办运动会了，比耶稣诞生还早很多年，这个运动会叫作奥林匹克运动会，也就是现

雅典娜

代奥林匹克运动会的前身。当时的奥运会只有希腊人参加，比赛项目也很少，只有跳高、跳远、跑步等几项。在比赛中获胜的人可以得到橄榄枝花环或"桂冠"，这个桂冠就是由月桂树的叶子编织而成的。我们现在所说的名号——"桂冠"，就起源于此。奥林匹克运动会举办的地点在雅典体育场，不过后来，这个体育场变成了废墟。多年后，一位非常富有的希腊人出资对体育场进行了修葺，还在地面上铺设了大理石。从此以后，奥林匹克运动会才得以继续举办。

雅典附近有一座伊米托斯山，山里的蜂蜜味道十分可口。据说这种蜂蜜香气怡人，曾是诸神的食物，被称为"神果"。现在，你依然可以在雅典的餐馆中品尝到这种蜂蜜，只是看不到以此为食的诸神了。

在过去，希腊拥有许多举世闻名的东西，那么，现在的希腊又有什么值得称道的呢？是诗歌，是音乐，抑或是雕塑？不，这些都不是。现在希腊最著名的东西之一，当属黑加仑子。黑加仑是一种葡萄，黑加仑子就是用这种葡萄加工而成的葡萄干。人们经常把它添加在蛋糕或是布丁里，使食物的味道更加可口。

🍀 古奥林匹克运动会遗址

消失的国家

■ 小亚细亚

当人们长大成人之前，通常被称作"小孩子"。

在亚洲的某个小角落里有一个地方，那里被人们称为小亚细亚。小亚细亚位于博斯普鲁斯海峡的另一侧，占地面积很小。小亚细亚并不与欧洲相连，但它有两条海峡却距离欧洲非常近。这两条海峡都很狭窄，其中一条就是博斯普鲁斯海峡，它与欧洲只隔了不到1千米；另一条海峡是达达尼尔海峡，它最窄的地方只有约1.5千米宽。假如世界上真的有巨人，那他只需要迈一步，就能轻松地跨越这两条海峡。很多人以游泳的方式成功横渡了这两条海峡。后来，人们又在这两条海峡与欧洲之间设置了浮桥，就是用船只首尾相连组成的那种。不过，现在人们只能通过船只达到对岸。

你能想象得到吗？现在十分贫穷落后的小亚细亚，在很多年以前，曾经是全世界最富裕的地区。当时，世界上最富有的人——克罗伊斯，就居住在小亚细亚。

历史上，还有一个非常有名的人也曾经出现在这里，她就是当时世界上最美丽的女人——海伦。海伦被人从希腊掠到了小亚细亚的一个叫作特洛伊的地方，由此引发了一场持续多年的特洛伊战争。记录这场战争的诗人，历史上最负盛名的诗人之一——荷马，据说也出生在小亚细亚这块土地上。

《圣经》中记载的耶稣的十二门徒之一——圣保罗，也出生在这里，据说他还在这里为士兵安扎营寨呢。

你应该听说过"古代世界七大建筑奇迹"吧？它们可是最伟大的七座古建筑。"古代世界七大建筑奇迹"中有三个位于小亚细亚。

其中一大奇迹就是阿尔忒弥斯神庙，它位于小亚细亚的以弗所。在很久以前，这里的银匠制作了很多神庙的复制品，把它们作为纪念品卖给那些来到此地的游客们。但是这一行为却遭到了圣保罗的反对，因为圣保罗认为阿尔忒弥斯是异教徒，他也曾在布道时公开反对过阿尔忒弥斯。银匠们怕圣保罗影响了自己的生意，就想尽一切办法妨碍圣保罗的行动。

如今，阿尔忒弥斯神庙早已化为废墟，你也不会再见到那些银制的复制品了。不过，这段历史却被记录了下来，收录在《圣经》当中，内容则出自圣保罗写给以弗所人的信件。

小亚细亚的另外一个奇迹是摩索拉斯陵墓，这是当时全世界最大、最雄伟的一座陵墓，陵墓主人的名字就是"摩索拉斯"，这是他的太太为他建造的。不过，这座陵墓现在也已是一片残垣断壁。

小亚细亚附近有一座小型岛屿，叫作罗得岛。这个岛上有一座巨大的神像，它是为太阳神阿波罗而建的，因坐落在这个小岛，所以得名"罗得岛巨

🔸 为人们吟诵史诗的荷马

🔴 安卡拉山羊

像"。这座雕像用青铜制成，高度跟十层楼差不多，是小亚细亚地区最后的一处世界奇观。不幸的是，它已经在一次地震中被损坏，就连碎片也都被废品收购商买走了。小亚细亚昔日的辉煌早已逝去，那些震惊世界的奇观也都化为废墟。

你见到过安哥拉猫吗？这是一种非常漂亮的猫，它全身的毛都很长，尾巴更是毛茸茸的。这种猫就来自土耳其的首都安哥拉。现在，安哥拉已经改名为安卡拉了。除了安哥拉猫，安卡拉还生活着一种奇特的山羊，人们管它叫"安卡拉山羊"。这种羊的皮毛异常柔软、顺滑，特别适合用来制作披肩和地毯。这种材质不算稀有，它制成的披肩和地毯在美国也可以买到，我们穿着的马海毛衣服就是用安卡拉山羊的皮毛制成的。

在小亚细亚，有一条蜿蜒曲折的河流。虽然流速不快，但它流经的地方非常多，它一会儿绕到这里，一会儿绕到那里，最后才流入大海。因此，人们给这种弯曲的河段取名叫"曲流"。它就像一个活泼淘气的小男孩，让他直接去上学，他却偏要东绕西绕，绕了好大一圈才去学校。

这条河的河谷里生长着许多无花果树和海枣树，小亚细亚其他大部分地区也分布着海枣树。这些无花果和海枣"乘坐"骆驼，来到了地中海上一个叫作士麦那（译者注：今伊兹密尔）的地方，在这里，它们又被装进轮船，运往全球各地。在美国，你在街边的小商店里兴许就能买到来自小亚细亚的无花果和海枣呢！

除此之外，士麦那还出产海绵。小亚细亚附近的海域里生长着许多海绵，它们通常依附在海底的岩石上，需要靠工人潜入海底进行采摘。

沙漠里的国家

■ 阿拉伯地区

你尝试过一天不喝一口水吗？我想你应该没有这样做过吧！在美国，我们很少能遇到这样的情况。水对人类非常重要，如果你几天不吃饭，你应该还能撑下去；但是如果让你好几天不喝水，你恐怕很难活下来。假如把你放在一个没有任何水源的地方，那里没有河，没有湖，也几乎很少降雨，你很难弄到水喝，更别提洗澡了，那么，你会怎么办呢？

实际上，在这个地球上确实存在这样的地方。有些国家就处在茫茫的大漠之中，虽然它周围也有海，但海水是咸的，并不能饮用。整个国家除了少数几个比较湿润的地方，其余的地方都是沙漠。我所说的就是阿拉伯地区，也就是阿拉伯人的家乡。你可能会问：那样的地方怎么能住人呢？其实，阿拉伯人住在我刚刚提到的"比较湿润的地方"，那些地方又被叫作"绿洲"。在美国，人们主要吃面包和黄油，但阿拉伯人吃的是椰枣，他们把椰枣当作主食和甜点食用。阿拉伯人会把枣椰树种得很深，因为只有地下深处才会有更多的水分。在阿拉伯，富裕的家庭一般都会养骆驼，因为那里环境恶劣，只有骆驼才能适应。也有一些阿拉伯人会养山羊、绵羊和马。不过，阿拉伯马的体形要比一般的马小一些，奔跑的速度也更快。有人说阿拉伯的马是世界上跑得最快的马，所以在美国的赛马比赛上，你也能见到一些来自阿拉伯的赛马。

阿拉伯人非常喜欢听故事，尤其是在晚上。在很久很久以前，阿拉伯的国王拥有至高无上的权力，他们可以随时随地要了别人的性命。偏偏当时就有这样一位残暴的国王，他每天都会处死自己的王后，然后第二天再娶一位新的王后。直到有一天，一位王后给国王讲了一个特别有意思的故事，并以第二天再给国王讲个更有趣的故事为条件，请国王不要将她处死。国王答应了她的条件，于是，这位王后每天都会给国王讲一个有趣的故事。就这样，时间一天天过去，王后整整讲了一千零一个故事，而国王也发现自己已经离不开王后的故事了。于是，这个国王决定跟王后好好地生活下去，再也不打算杀死她了。后来，王后讲的这些故事被广为传诵，再后来，又被翻译成了各种语言。这就是众所周知的《一千零一夜》。

在沙特阿拉伯的麦加与叙利亚的大马士革之间，人们建造了一条长达1600千米的铁路，人们可以乘坐火车往返于麦加与大马士革，也可以乘坐汽车。

之前，我向你介绍过黑海和白海，现在，我要给你介绍另外一种颜色的海——红海。这是一片狭长的海域，就位于阿拉伯半岛和非洲大陆之间。我一直弄不明白，为什么它会叫"红海"这个名字。我曾经去过那里，它的颜色和地中海一样，都是蓝色的。如果非要让我猜一猜，我想可能是因为那里太热了吧。在红海和地中海之间，有一块不太大的陆地，为了方便船只往返于红海和地中海，人们在那里开凿了一条运河。那块被红海和地中海夹在中间的地方，就是"苏伊士地峡"，而人们开凿的那条运河，自然就是"苏伊士运河"。

苏伊士运河对于改善交通起到了至关重要的作用。在没有这条运河之前，苏伊士地峡将亚洲和非洲阻隔开来，船只要想到达位于东方的亚洲，必须绕过整个非洲大陆才行。苏伊士运河打开了通往亚洲的大门，大大缩短了人们出行的路线与时间。在一段时间里，苏伊士运河曾经

● 阿拉伯人与他的马和羊

被誉为"沙漠之舟"的骆驼

是归英国所有的。但其实运河是在一个非洲国家——埃及的境内，埃及人经过不懈的努力，终于把这条运河的归属权从英国手里夺了回来。

红海的边上有一座极其干燥的城市，它就是被称为"东方直布罗陀"的亚丁。这个地方曾经被英国占据了很多年。英国人之所以占据这里，就是因为亚丁的地理位置非常重要，拥有这里，英国就可以决定船只是否能够通过红海。大西洋与印度洋之间共有三个出入口，分别是直布罗陀、苏伊士和亚丁，它们都曾被英国占据。也门独立后，亚丁随之从英国脱离，此后还曾被定为也门的首都。

亚丁非常干旱，那里没有河流，没有湖泊，也没有泉水，甚至常年不下雨，人们很难获取可以饮用的水。后来，英国人解决了这一难题，他们加热海水，将水蒸气收集起来，这样收集得到的水蒸气中不含盐分，于是就成了可以饮用的水。

你肯定会觉得阿拉伯语对你来说非常陌生，但我要告诉你，其实我们每天都在写阿拉伯语，我们写的数字"1、2、3、4、5……"就是阿拉伯数字。这看似简单的十个阿拉伯数字，通过任意组合，能够组合成不计其数的数字。

虽然阿拉伯离我们很遥远，看起来也与我们没有什么联系，但是想想看，如果没有阿拉伯，我们不仅没有《一千零一夜》可以看，就连做简单的算术都困难多了。

游轮行驶在红海海域

地球那头的国家

■ 印度

我所住的这座城市的中心，有一家地下超市，超市上面就是街道，街道是由非常厚的玻璃制作而成的。当你在超市里抬头往上看时，就能看见在街道上行走的人们的脚。假如我们所生活的地球也是玻璃做的呢？那么，我们低头看的话，就能看到地球另一头的人们了。在地球的那一头，与美国位置相对应的国家就是印度，它的形状看起来很像一块馅饼。如果我们从美国出发，绕着地球走一圈，那么走到一半就会到达印度这个国家，再往前走一半，就又会回到美国了。我曾经和一个朋友分别从东、西两个方向出发前往印度，我们约好从美国同时启程，最终在印度碰面。当我到了印度的加尔各答时，我的朋友已经在那里等着我了。我在那里买了一种叫作"卡利卡"的印花布，它的名字源自它的原产地——卡利卡特。

一提到印度人，你可能就会想到印第安的斧头，还有脸上涂着颜料、身上装饰着彩色羽毛的人。但其实，这并不是印度人的样子，而是曾经居住在美洲的印第安人。在白种人到达美洲之前，他们才是这片土地的主人。

印度的主要人口也是白种人，这点和美国一样。不过，印度的总人口却比美国多得多，大概是美国的四倍左右。你知道吗，当初环球航行的哥伦布本来是要寻找印度的，但当他到达美洲的时候，却把那里误认为是印度，所以才把那儿的人叫作印第安人。很久之后，人们才知道那里并不是印度，生活在那片土地上的红种人也并非印度人。

印度位于亚洲大陆，它与亚洲其他国家之间隔着一条世界上最高的山脉——喜马拉雅山。喜马拉雅山的最高峰是珠穆朗玛峰，珠穆朗玛峰非常高，曾经在很长一段时间里都没有人能够登顶。但是，人们还是能够知道它的高度。一位英国的工程师埃佛勒斯采用了一种特殊的测量方式——大地测量，最早测算出了珠穆朗玛峰的高度。根据最新的测算结果，珠穆朗玛峰高达8844.43米。

世界上最高的山峰就是珠穆朗玛峰

许多人曾尝试过攀登珠穆朗玛峰，但大部分人在攀登的过程中就失去了生命，很少有人能成功。这座山峰海拔很高，空气十分稀薄，因此，攀登的人必须带着氧气瓶，依靠氧气来呼吸。如果没有携带氧气，呼吸就会很困难，走几步就得休息半天，才能继续前行。曾经有两个英国人来挑战珠穆朗玛峰，他们爬了几个星期之久，爬到了一个从未有人到达的高度，峰顶距离他们不过只有几百米了。与两人同行的另一个队友到这里便不再继续攀爬了，而是目送着两个人前行。就在那两个英国人即将登顶的时候，不幸的事情——雪崩发生了，成片的厚重的雪将他俩掩埋住了，他们再也没能爬出来。当地人觉得这座山峰上一定住着一位女神，她不希望任何人靠近山顶，所以才会千方百计地阻止要登顶的人们，让他们遭受厄运。不过，1953年，还是有人成功地登顶了珠穆朗玛峰。

喜马拉雅山的另一端是一个很高的山谷，虽然它的高度令人恐惧，但它的风景很迷人。它就是克什米尔山谷。"会有人不知道克什米尔山谷吗？那里是玫瑰的乐园，那里是世界上最美丽的地方。"曾经有诗人这样写道。克什米尔山谷有清澈的湖泊，有被白雪覆盖的山峰，还有满地盛开的娇艳玫瑰。与幼发拉底河和底格里斯河之间那淤泥之地相比，这里更接近人们理想中的伊甸园。

与美国一样，印度也将国家划分成了许多"州"（译者注：印度其实称之为"邦")进行管理。但不同的是，印度的很多"州"有自己的首领，这些首领被称作"拉甲"。这些拉甲中，有许多人非常喜欢珠宝，爱好收集各式各样的珠宝，就像有人喜欢收集大理石一样。不过，拉甲们收藏的珠宝可比大理石贵重得多。有些拉甲所拥有的珠宝是全世界最大最好的。通常我们都会觉得珠宝是女人的最爱，只有女人才会热衷于佩戴珠宝。但是在印度，拉甲们也会佩戴珠宝。拉甲们还很喜欢游行，更喜欢在参加游行的时候佩戴非常贵重、华丽的珠宝，也会穿着镶嵌着珍珠以及红宝石、绿宝石、蓝宝石等珠宝的衣服，有些宝石甚至像核桃一样大。游行时，拉甲们都要坐在被精心打扮的大象身上，由于大象很高，他们上去时必须要依靠梯子。

　　一提到印度，我们就会想到大象。在印度，大象被当作神圣的动物，虽然那里有许多野生大象，但射杀大象依然是犯法的行为。所以，人们只能捕捉大象，并不能杀害它们。因为大象体形庞大，在不伤害它的前提下很难捕捉它，所以捕捉大象的工作通常要由几百个人一起完成。这可不是一件简单的事情。发现大象之后，人们会把它围困起来，然后一边打鼓一边吹喇叭吓唬大象，将大象逼进设置好的围栏之中。人们捕捉到大象后，还要驯服它，但驯服大象的工作更是难上加难。野生大象的脾气不太好，像它这样的庞然大物很可能会将人踩死。不过，驯服后的大象能为人类做许多事情，它可以变成像阿拉伯的骆驼、欧美的马和汽车一样的运输工具；也可以充当起重机，用它那长长的鼻子卷起重物放到火车或者船上。

　　除了佩戴着珠宝坐在大象上游行，拉甲们还有一个爱好，就是猎杀老虎。老虎是一种凶猛的动物，在印度的丛林中就生活着许多老虎。每当这些老虎饥饿的时候，它们会跑到村子里觅食，家畜、家禽以及人类都会成为它的盘中餐。拉甲们通常会跟随朋友一起去猎杀老虎，还会带上几百个

🟠 拉甲坐在盛装的大象背上游行

仆人，以确保自己的生命安全。仆人们会先在森林里的大树上搭建一个平台，好让拉甲和他的朋友们站在安全的平台上。然后，仆人们就会去森林中敲锣打鼓，把老虎赶出来。当老虎进入射程范围内，拉甲和朋友们便会开枪将老虎打死，之后剥下虎皮，带回家里当作装饰品。

印度的宗教有很多，大概有一百多种，但大多数印度人信奉印度教。印度教徒相信轮回之说，认为人死之后，灵魂还会回到世上，形成新的生命，这个生命可能是人，也可能是动物。这样的信仰使印度人十分善待动物。印度人深信，如果一个人在这一世做了许多好事，那么他下一世就会变成富有的人或者好的动物；如果一个人在这一世做了许多坏事，那么他下一世就会成为穷人或是坏的动物。

泰姬陵

印度的西部有一座大城市，叫作孟买。这座城市像欧洲的许多大城市一样繁华，而且还有许多西式风格的建筑。

孟买北边有一座叫"阿格拉"的城市，如果你从孟买步行到这里，大概需要花费两天的时间。这座城市有两座风格独特的建筑，它们与世界上的其他建筑都不相同。其中的一座建筑是一座很有名的陵墓，叫作泰姬陵。在人们眼中，泰姬陵可以算是世界上最美的建筑。我也去印度看过泰姬陵，准确地说，我是慕名而去的。当时是个夜晚，我欣赏着月光下的泰姬陵，感慨着它的美丽，谁知道却不小心掉进了一个水池之中，水池的水没过了我的膝盖，我赶忙跳了出来，却又不小心扭到了脚。不过，在我的心目中，最漂亮的建筑并不是泰姬陵，而是这里的另一座建筑——珍珠清真寺。我从未到过天堂，更没见到过天堂中的建筑，但是在我眼中，珍珠清真寺就像天堂中的建筑，甚至比天堂中的建筑还要漂亮。

印度的河流不多，但是有一条河却声名远扬，那就是恒河。恒河在印度的东部地区，它的河口众多，其中有一个在印度的加尔各答，除此之外的大部分河口分布在印度以外的孟加拉国境内。在恒河的上游有一座城市，叫作瓦拉纳西，那是印度教徒心目中的圣地。瓦拉纳西就建在恒河岸边，岸上有石头铺成的台阶，一直延伸到河里。不管身在印度何处，印度教徒们都会前往恒河沐浴，他们相信恒河水能洗掉他们身上的所有罪恶。通常，他们会站在河水中，让河水没过腰，用碗盛起恒河水，从头上浇下来。当印度教徒快要死去的时候，他们一定会来这里沐浴。印度教徒对死亡并不恐惧，如果生活十分贫困，他们反而会希望赶快死去，这样他们在来世就可以成为一个幸福的人。

在美国，人死后就会被埋入土中，但是在印度，人死后要被火化。在瓦拉纳西，印度教徒的尸体都会在恒河边的石阶上进行火化。后来，那里还兴起了许多卖柴火的生意。凭借火化时火焰的大小，就能判断出这个人是否有钱。因为火焰越大，烧的柴火就越多，死者就越有钱。不过也有一些十分穷困的人，哪怕是一根柴火，他们也买不起。

拉甲们拥有数不尽的财宝，每天大鱼大肉；穷人们却每天都要忍受饥饿的折磨，甚至连死后火化的柴火都买不起。这就是印度——贫富差距十分巨大。

印度的南面有一座小岛，叫作"斯里兰卡"。这里的男人都穿着短裙，头上别着梳子。这里不仅盛产茶叶，而且以珍珠养殖闻名。拉甲们的珍珠大部分来自此地。我也有一颗斯里兰卡产的黑色珍珠，据说它能给人带来好运，不过我可不会像拉甲们一样将它戴在身上。

恒河

白象国度

■ 缅甸/泰国/新加坡

泰国的舞姬

印度曾经诞生了一个王子，叫乔答摩·悉达多。他生活富裕，吃穿不愁，过着想要什么就能拥有什么的日子，每天都很快乐，无忧无虑，甚至连"穷困"这个词都不知道。并且，他一直以为世间所有的人都过着与他相同的生活。直到他渐渐长大，走出了宫殿，才发现原来这个世界上还有许多生活穷困的人。他所看到的这些真实的场景触动了他的心灵，激起了他的怜悯之心，于是，他决心用自己所拥有的一切，用尽自己这一生的时间，来帮助这些需要帮助的人。从此之后，他奔波于各地，帮助那里的人们，并且传布教义，告诉人们如何分辨是非对错。后来，人们把他称为"佛陀"，意思就是"什么都知道的人"，并且越来越崇拜他。一门新的宗教也由此兴起，它比耶稣诞生还要早500年左右。这门宗教就是世界三大宗教之一的佛教。

乔答摩·悉达多去世之后，佛教信徒开始到世界各地去宣扬佛教，就像基督教的传教士到处传播基督教那样。印度以东的几个国家，人们也信奉佛教。在这几个国家中，有一个是缅甸，还有一个是泰国。佛教也有属于自己的建筑——"塔"。在缅甸，有一座举世闻名的、宏伟而漂亮的塔，它就是位于缅甸前首都仰光的仰光大金塔。这座塔和华盛顿纪念碑的高度差不多，造型非常有特点，看起来就像一个倒着放的蛋卷筒。整座塔由砖头垒砌而成，外面还包裹着一层纯金，在阳光的照射下，发出耀眼的光芒。塔的底部有几个很小的房间，每一个房间都供奉着一尊佛像。据说，这座塔里有一个盒子，盒子里藏有八根佛陀乔答摩的头发。一般来说，教堂的顶部都会有一个十字架，清真寺的顶上都会有一轮新月，那你知道这座金塔的顶部放着什么吗？你一定想不到，这座塔的尖顶上放着一把雨伞，伞上还挂着铃铛，能发出叮当的响声。

亚洲人通常以大米为主食。他们会把大米煮熟，里面不放糖也不放黄油，而且他们早、中、晚三顿饭都是吃大米的。世界上大米的主要产地之一就是缅甸。

虽然缅甸、泰国和印度同为亚洲国家，三个国家的距离也很近，但是缅甸人和泰国人长得并不像印度人，而是更像中国人。缅甸是共和制国家，而泰国是王国。泰国之前并不叫这个名字，而是叫暹罗，它是在第二次世界大战之后才改的名字。假如我们认识一个叫琼斯的人，他突然改名叫贝克，但我们出于习惯，还是会叫他琼斯。泰国也一样，虽然它有了新的名字，但许多人依然管它叫暹罗。

暹罗曾经实行君主专制制度，那意味着国王拥有至高无上的权力，想做什么就做什么。当我还是一个小孩子的时候，有的小伙伴很喜欢发号施令，指挥其他人做这做那，我们就会说他："你以为你是暹罗国王呀？"

不过那些都已经是过去式了，现在的国王可不能随心所欲地做事情，他必须按照国家的法律办事。

在泰国，白象被视为最神圣的动物。不过，白象并不是真的纯白色，而是灰色的。泰国人发现白象之后，都会把它献给国王，因为他们相信白象会给整个国家带来好运。这些献给

仰光大金塔

 它看起来像不像倒扣着的冰激凌蛋筒？

国王的白象并没有事情可做，只是在充当吉祥物而已。后来，人们就把那些既没用又不能扔掉的东西叫作"白象"。我的朋友有一辆车，那辆车又破又旧，不能开也卖不出去，一直占着仓库的地方，他就管那辆车叫作"白象"。

但大多数的象并不是无所事事，而是充当着交通运输的工具。它们可以拉人，也可以运货，还可以耕地，就跟汽车、卡车和拖拉机的作用一样。另外，它们的价格也和一辆汽车的价钱相差无几。人们坐在大象的身上，碰碰它的身体去指挥它，大象就会听从人的命令去做事。大象也有很强的时间观念，知道自己什么时候应该工作，什么时候应该休息，每天作息规律，就像人一样。但是，你千万不要忘记每天为它洗澡，不然它是不肯干活的。

一般来说，木头可以浮在水面上。但是在缅甸，却有一种不会漂浮在水上的木头。这种木头很重，放在水里就会沉下去，它的名字叫"柚木"。柚木一般被当地人用来制作家具，用它制成的家具可以抵挡白蚁的啃食。大象就常常搬运这种木头。我总是想：如果我也有一头大象就好了。后来，我还真的买了一头大象回家，不过它并不是真的大象，而是一个铜制的大象摆设。

从地图上看，泰国旁边有一个形似大象鼻子的地方，那就是马来半岛。与这个岛相隔不到1千米的地方也有一座小岛，叫新加坡。那里曾经被广袤的丛林覆盖，里面有许多凶猛的野兽，比如老虎。就连小岛的拥有者也不喜欢这里，总想把它卖出去，可又总是卖不掉。直到有一天，一个叫莱佛士的英国人以非常低的价格把这个岛买了下来，并在这里建造了城市。

或许你对这个英国人的做法非常不理解，为什么要买下这样恐怖的岛屿呢？其实，这座岛占据着非常重要的地理位置，它是一条连接东方与西方的水上通道，就像直布罗陀、苏伊士和亚丁一样。在第二次世界大战中，日本曾经从英国手里夺走了新加坡，不过战争结束后，作为战败国的日本撤离了新加坡，新加坡又回到了英国的手里。现在，新加坡是船只停留的重要港口之一，那里还有一个以莱佛士的名字命名的"莱佛士酒店"。在酒店里，你能看到来自世界各地的人们。

新加坡离南极和北极的距离几乎一样，因为它就在赤道附近。水手们有个规矩，凡是第一次经过赤道的人，都得接受一次"海神"尼普顿的洗礼。我有一次经过赤道，就接受过这个洗礼。那天，我刚走出甲板，一个水手就趁我不注意，将我扔进了水池里。我慌乱地从水池中爬出来，刚一出来，又被人推进了一条长长的管子里。等我好不容易从管子里出来，有人用船桨在我后背轻拍了一下，把我引到了"海神"面前。坐在宝座上的"海神"，身穿浴袍，头戴纸板做的皇冠，手执干草权，见我来了，便递给我一张证书。就这样，我像参加毕业典礼一样，成了一个穿越赤道的人。

马来半岛旁边有一个群岛，叫作东印度群岛，当初哥伦布也在寻找这个地方。东印度群岛中有一座名叫苏门答腊岛的岛屿，它的样子像极了一支粗粗的雪茄，而令人意想不到的是，这里恰恰出产制作雪茄的烟草。东印度群岛还有一座盛产咖啡的岛屿，叫作爪哇岛。我曾经慕名去那里，想去品尝一下世界上最美味的咖啡。终于，我在众多口味各异的咖啡中找到了最美味的那一款，结果却发现它的产地是巴西！

对了，我还在爪哇岛上看到了像老鹰一样的蝙蝠，以及手掌大小的蝴蝶！

🔵 我也接受过"海神"尼普顿颁发的证书

彩虹的尽头

■ 南非

在遥远的彩虹的那一头，会有什么呢？以前，我常常听说在彩虹的尽头有一大盆金子，不过传闻是真是假并没有人知道。因为迄今为止，还没有人真正亲眼见过呢。但是人们丢下手头的工作，背井离乡去寻找金矿的事情，在历史上却时有发生。人们为什么要去寻找金子呢？这是因为，金子是世界通用的货币，拥有金子就等于拥有了财富。但是我们平时使用的货币——纸币和硬币，都不是金子做的。因为钱币面额很小的话，金子就会很小，非常容易丢失。

世界上最大的金矿就位于南非，在它的鼎盛时期，那里所产的黄金一度占到了全世界黄金总量的一半以上。

黄金被誉为"金属之王"。虽然现在的白金可能比黄金价格更高，但是黄金的用处似乎更多一些。它既是国际上唯一作为通用货币的金属，又能够做成各式各样的饰品。而且很多人觉得黄金看起来比白金更漂亮。纯金是指24K的金子，不过由于它非常柔软，很容易磨损，所以在制成饰品的时候，人们都会往里面掺入一些其他金属，以提高饰品的硬度。通常以18：6的比例混合黄金与其他金属，即黄金中掺入大约四分之一的其他金属，这样形成的黄金所制成的饰品，被认为是最好的饰品。这就是我们平时所说的18K金。你可以看看家里的手表或者戒指，或许就能在上面看到"18K"或"24K"的字样。

我们平时见到的黄金都是金灿灿的一整块，但是在自然界中，很少有这

🌸 传说在彩虹的尽头有一大盆金子

样一块一块的金子，这样的金子被称为"天然金块"。绝大多数的金子被发现时，都是与岩石混合在一起的，从外表上根本看不出来。只有把岩石磨成粉末，再进行分离，才能提炼出黄金。

在美国，每户家庭中至少有一件东西来自南非，这件东西通常很小很小，但是价格又十分昂贵。说到这里，你一定已经猜出来了，没错，那就是妈妈手上戴着的结婚戒指上的钻石。全世界大部分的钻石产自南非的一个城市——金伯利。那里的钻石最早被发现在一种蓝色的黏土中，这种黏土则是火山的产物。

有不少荷兰人生活在南非，也正是这些人最初发现了钻石矿。他们把这里的大部分钻石都运到荷兰的阿姆斯特丹去进行加工，加工好后再销往全球各地。不过现在，钻石都直接在金伯利进行切割、打磨等加工，之后才会被运送到其他国家。

你知道吗，其实亮闪闪的钻石和黑乎乎的煤炭的成分是一样的，它们都是由碳元素组成的。如果钻石不小心掉进火里，它最终也会变成煤炭。正因为如此，煤炭也被人们称为"黑色钻石"。而钻石的颜色却不像煤炭那么单调。将钻石放在阳光下，它就会呈现出不同颜色的光亮，有的呈现出纯白色，有的呈现出淡蓝色，也有的呈现出淡黄色。而呈现出纯白色的钻石才是最好的钻石。

迄今为止，全世界已发现的最大的一颗钻石叫作"库里南钻石"，它足足有我的拳头那么大。不过由于它实在太大了，无法做成一件饰品被佩戴，所以人们就将它切割成块。后来，人们又发现了另外一颗非常大的钻石，叫"大莫卧儿"，它是世界上最大的粉红色钻石之一。不过很可惜，它被小偷偷走了。小偷偷走这颗钻石之后，肯定很难将它卖掉，因为这颗钻石是独一无二的。如果这个小偷将钻石拿出来卖，就会马上被人抓起来，就像《蒙娜丽莎》那幅画一样。从此之后，这颗钻石就彻底消失了，再没出现过。因此有人怀疑小偷肯定是把钻石分割成了许多块，卖掉了。

在南非，钻石矿上的工人大多数是黑人。为了防止工人将钻石偷走，小心谨慎的矿主在矿场围起了高高的栅栏，还派人在四周巡逻。工人的自由也被限制了，他们晚上只能睡在矿场，不能回家，通常在矿场上一待就是三四个月。每次回家的时候，矿上那些像极了监狱牢头的人就会对矿工进行搜身。他们让工人把衣服全都脱光，仔细地检查他们的嘴巴、耳朵和头发，生怕有人将钻石拿走。因为对于这些黑人矿工而言，哪怕一颗小小的钻石，都意味着一大笔财富。

金伯利的矿主们非常聪明，他们想到了一种非常好的销售方法。因为这里产出的钻石非常多，如果将钻石全都拿出来卖，钻石就不会那么值钱了。所以，矿主们会把价值几百万美元的钻石收起来，先拿出一部分来卖，直到有人出了非常高的价钱，他们才会把那些昂贵的钻石拿出来。

曾经有一个叫塞西尔·罗得斯的英国人来到南非，他本来只是来休养身体的，却刚好遇到钻石开采的热潮，于是他趁机发了财，不仅养好了身体，还成了富翁。南非曾经有一个叫作"罗得西亚（现在的津巴布韦）"的地方，就是以他的名字命名的。罗得斯死后，留下了一大笔遗产，其中有一部分成了助学金，用来资助世界各地的优秀学生到牛津大学读书。这些学生被称为"罗得学者"。塞西尔·罗得斯生前还致力于建造铁路，他计划修建一条从非洲北部的开罗通往非洲南部的开普敦的铁路，但是在有生之年他没能看到铁路建成。他死后直到现在，这条铁路依然在修建中，不过大部分路段已经完工了。这条铁路就是开罗—开普敦铁路。罗得斯生前嘱托自己的朋友，自己死后要埋葬在非洲的一座高山的山顶上，据说这样他就可以俯瞰整个世界了。

茨瓦内是南非的三个首都之一，它看起来很像英国的城市。另外还有一座首都的风格也跟英国很像，那就是南非最有名的城市——开普敦。看到如今开普敦的样子，很难想象到100多年前，这里还是一个黑人居住的丛林，一个蛮荒之地。

你喜欢收集邮票吗？如果你喜欢集邮，那你肯定听说过"毛里求斯"这张邮票。这张邮票非常著名，曾经有人花20000美元得到了它。这么多钱足够买一栋房子了，但是这个人却只买来了一张小小的邮票。他为什么会这样做呢？其实无非是为了显示自己拥有别人没有的东西罢了。

毛里求斯是南非东部附近的一个小岛，除此之外，附近还有许多小岛，其中有一个盛产丁香的小岛，叫作桑给巴尔岛。丁香看上去就像是被火烧过的火柴头，也许你见过它，但是你并没有认出它来，其实它就是长在丁香树上的小花。你妈妈在烹饪腌菜、火腿和芸莓的时候，可能会用到它。

茨瓦内郊区

美国教育家

希 利 尔 人 文 启 蒙 经 典

希利尔
写给孩子的

▶ 世界地理 下

V. M. Hillyer

［美］V.M.希利尔/著　王玥/译

天地出版社 | TIANDI PRESS

FOREWORD
前言

希利尔（V.M.Hillyer）

美国著名儿童教育家，"卡尔沃特教育体系"创建者，
毕生从事中小学教育工作，在美国教育领域拥有不可动摇的崇高地位。

//

　　如果我告诉你，这套书其实是一套教材，你会相信吗？当然，这并不是一套枯燥乏味、让孩子望而却步的教材，而是一套深受孩子喜爱、能够激发孩子阅读兴趣的教材。这套书自1924年首印到今天，一直不停地再版，并被翻译成多国语言，风靡全世界。我们编译这套书的目的，就是为了将这种全新的教育方式带给中国的孩子，让知识走进孩子的世界，激发他们对知识的兴趣与渴求。这套书共六册，分地理、历史和艺术三大块内容。在《希利尔写给孩子的世界地理》中，希利尔化身为一位资深的旅行家，带领孩子们进行一次精彩的环球冒险，领略世界各地的风土人情。在《希利尔写给孩子的世界历史》中，希利尔以独到的视角、幽默的语言，为孩子们呈现出一幅幅迷人的历史画卷，让孩子们全面、深入地了解人类发展的每一个历史足迹。在《希利尔写给孩子的世界艺术史》中，希利尔为孩子们搭建起一座巨大的博物馆，孩子们不仅可以看到全世界最漂亮、珍贵的艺术作品，还能了解它们背后的故事。因作者时代原因，尽管有些内容与现状不符，但是本套书仍不失为经典之作。

　　如果你渴望获得知识，却又讨厌死板、教条的语言，不妨读一读希利尔的这套书，相信你会徜徉在知识的海洋里，快乐得不能自拔！

CONTENTS
目 录

地球是圆的吗？

■ 环游地球一周

你 独自离开过家吗？

我就有过这样的经历，那时候我还是个小孩子，可能比你现在还小。

不过，我离开家的原因很简单，并不是跟爸爸妈妈赌气，而是想看看地球到底长什么样。

妈妈告诉过我，地球就像一个巨大的球，如果我一直往前走，不改变方向，最后我一定会回到出发的地方。

妈妈的话一直印在我的心里。可有一天，我趁着天还没亮，偷偷地离开了家，打算去环游地球。那天我走了没多久，天就黑了，一位和善的警察叔叔把我送回了家。我的第一次环球旅行就这样以失败告终。

很多年以后，我长大了，那时候还没成家，我打算再来一次环球之旅。这一次，我可不像小时候那样傻了，我选择搭乘火车。"轰隆隆"，火车开始向着太阳落山的方向前进。黑夜又降临了，但这次可没有和善的警察叔叔送我回家了，我依然在旅行的路上。一天、两天……一周……一个月……我坐过汽车，乘过火车，搭过轮船，甚至还骑过动物。我换了各种各样的交通工具，但我前进的方向始终没有改变，一路向着太阳落山的方向，一路向西。

无论是宽广的农田、繁茂的森林、喧闹的城市、僻静的小镇，还是巍峨的山峰、高大的桥梁，都留下了我的足迹。之后，我来到了一个大洋，搭乘船只横渡大洋，到达了一片陌生的土地。在这里，我看到了许多穿着奇装异服的人，他们住的房子也很奇特，说的语言我更是听不懂。我还看到了许多稀奇古怪的动物和植物。我又继续往前走，穿越了另一个大洋……好几个月之后，我居然真的回到了我当初出发的地方！我坚信地球就是圆的，因为我曾经环绕地球，证明了这一点。虽然地球是圆的，但它并不像网球那样浑圆，而是像鸡蛋一样扁圆扁圆的。地球实在是太庞大了，所以我们根本看不出它像一个球。

这一次环球之旅耗费了半年左右的时间——时间确实很漫长，但这是因为路程实在遥远——差不多要40000千米呢。不过，也有人只用了3个星期就环游了地球一周，他乘坐的是"格拉夫·齐柏林"号飞艇。还有两个人乘坐飞机环绕了地球一周，才花了不到9天的时间。

假设一下，如果有人在太阳刚刚升起的时候就出发，一直追随着太阳走，当太阳落山时，他正好走完了地球的一面，接着他继续跟着太阳走完另一面，那么，他就会在第二天太阳升起之时回到当初的原点。这样，他只用了一天的时间就环游了地球一周。当然，没有人能够做到这点，因为要想做到这点，就必须以每小时1600千米的速度一刻不停地前进，才能追得上太阳的速度。别说是人腿了，就连子弹的速度都不可能达到，除非你是超人。

你应该知道，地球的外面有一圈大气层，它紧紧地包裹着整个地球，将地球上的一切覆盖起来，就像海洋中的海水把海里的一切覆盖住一样。但有一点不同，大气层只是将地球包裹起来，并非将天空的每一个角落全部填满。如果鱼离开了水，要不了多久就会死去。人也是一样，如果人离开了空气，很快也会死去。离地面越近的地方，空气就

🌍 太空中的地球

越浓厚；离地面越远的地方，空气就越稀薄。正因为如此，飞机的飞行高度是有上限的，如果飞得太高，就没有那么多空气能托起飞机了。早期的飞机是依靠螺旋桨飞行的，螺旋桨在空气的推动下运转，从而使飞机前进，这就像划船一样，船只需要依靠水推动船桨来获得前进的动力。没有空气，飞机就不能飞起来，如同船只没有水就不能航行一样。

现在，你可能会有一些疑问：既然大气层外面并没有空气，那么火箭又是如何在大气层外面飞行的呢？其实，火箭并不是以空气为动力而飞行的。或许在未来的某一天，我们可以搭乘火箭或宇宙飞船去月球及其他星球上转一圈呢。

你想乘坐飞船在太空中尽情遨游吗？你想踏上月球的土地，成为登月第一人吗？（译者注：人类第一次登上月球是在1969年，晚于作者写这本书的时间。）如果你的愿望能够实现，真的登上了月球，那你很可能会大失所望。月球上并没有任何有生命的东西，到处都是死气沉沉的景象，甚至连空气都没有。不过，这并不代表别的星球也是如此，或许在离我们很遥远的某个星球上，就有植物或动物存在呢！这都是不可预料的事，不是吗？

你见过的最高的山峰有多高？世界上有一些山峰非常高，甚至超出了你的想象范围。如果你想去攀登这种山，就必须携带氧气瓶，因为山顶的空气很稀薄，可能会要了你的命。

你并不能看见空气——也许你觉得你能看见空气，但实际上，那只不过是一些烟或者云罢了，并不是空气。虽然我们永远不可能看见空气，但是我们可以通过别的形式感受到它的存在。空气流动的时候，会形成风，所以当你头上的帽子被风吹跑的时候，你能感受到风，也就是感受到空气的存在；当你家的窗户被风敲得咚咚响或者风从你耳边呼呼吹过的时候，你也能感受到风，这也证明了空气的存在。

很久以前，大概在数十亿年前吧，地球并不是现在这个样子。那时，它是一个燃烧着的巨大火球。当然，那时候的地球上不可能有生命存在，包括人类、动物和植物。后来，地球不再燃烧，渐渐变成了一个炙热的大石球。那时，地球上还没有水，因为任何水在这样的温度下都会被蒸发，就好像水滴在燃烧的火炉上，顷刻间就会化为水蒸气一样。所以，那时候的地球被层层蒸汽所围绕。再后来，地球的温度又冷却了一些，那些围绕着地球的水蒸气就变成了雨滴，落在了大地上。雨水不停地下落，直到地球上形成了海洋。

地球依然没有停止冷却。你知道热胀冷缩的原理吧？这个时候，地球开始收缩了。它越来越皱，越来越皱，地表变得就像话梅的表面一样皱巴巴的——话梅原先也都是圆润而光滑的。渐渐地，这些皱巴巴的地方被不断抬起，高出海洋的地方就形成了陆地以及山脉。如今的地球依然没有停止收缩，在收缩的过程中，可能会产生晃动，这就是我们所说的地震。不过比起之前——陆地和山脉从海中升起的时候，现在的地震简直就是小儿科。那时候，就算你在别的星球上，也能很清楚地听到地球上发出的巨大轰响，如雷鸣般的各种声音响彻整个宇宙，就像世界末日到来了一样。这么说一点都不夸张。不过，地球上可没有人亲历过这些，这只是人们的猜想罢了。也有可能陆地从海洋中升上来时是非常安静的，就像小草轻轻地从土地里发出嫩芽一样，无声无息。虽然谁也说不清楚陆地形成时的景象，但可以肯定的是，陆地一定是从海里升上来的。因为人们在很多大山上发现了贝壳。我们都知道贝类是生活在海里的，所以这些大山也一定是在海中形成的。

原始地球　①　　海洋　②

陆地　③　　山川　④

海洋、陆地及山川形成的过程

地底下是什么？

■ 地表下的世界

当我还是一个小男孩的时候，我有着非常强烈的好奇心。"你简直就是一个'十万个为什么'！"我的保姆经常这么对我说。

有一天，她带着我去逛街。我们走在宽阔的人行道上，我低着头看脚下的路。走着走着，我的好奇心不知道怎么又冒了出来：

"珍妮，你知道人行道下面是什么吗？"

"哦，当然是泥土了。"

"那泥土下面又是什么呢？"我继续追问道。

"应该还是泥土吧。"

"那再往下呢？又是什么？"我又继续追问。老实说，我并不满意她给我的答案。我总觉得泥土下面应该还有泥土之外的其他东西，大概有什么"宝贝"也说不定呢！

"这我就不知道了，或许什么都没有吧——哎呀，你的小脑瓜里到底装了多少问题啊？好像总也问不完似的。"珍妮笑着说。

珍妮的回答更加激发了我的好奇心，地底下究竟是什么呢？我心想，地底下说不定真的藏着许多"宝贝"呢，等我长大了，一定要把它们都挖出来。

小时候，我听人说过，坏孩子死后会被关在一个地方，好像是地底下的一个又大又黑的洞穴。当时的我可害怕了，为了不去那个地方，我一直很努力地做个好孩子。但那个传言是不是真的，我其实并不知道。

　　我还听说，在我们的脚底下，也就是地球的另一头，住着印度人，他们是头朝下走路的，就像在天花板上行走那样。这真是不可思议，我很想知道这个说法到底是不是真的。

　　我一直都很想把这两件事搞清楚。我想，只要我不停地挖，不停地挖，直到挖穿地球，就一定能到达地球的另一头，我就能知道关于那两件事的真相了。但那个时候，我还是一个小孩子，连稍微重一点的铲子都拎不动。所以，我就找来一把很小的铲子，在我家后院的葡萄架后面挖了起来。为什么选择在那里挖呢？因为我觉得那个地方很隐蔽，我可不希望这件事在成功之前被任何人知道。

　　刚开始，一切都进行得很顺利，因为我选择了一块土质松软的地方。可是后来，土地变得越来越硬，我的"工作"进度也随之慢了下来。不过，我并没有放弃，依然使劲儿地挖着，直到我挖出一个齐腰深的大坑。

　　某天夜晚，爸爸突然问我："你为什么在院子里挖了一个大坑？"

　　糟糕，我的秘密还是被人发现了！我只好把我的计划都告诉了爸爸，他并没有笑话我——可我看到他强忍着笑——只是问我："你知道你要挖多久、挖多深才能挖穿地球吗？"我回答不上来。

　　"你能挖出跟华盛顿纪念碑高度一样的深坑吗？"他又问我。

　　我想回答我可以，但是又不敢确定，毕竟对我来说，华盛顿纪念碑实在是太高大了。

　　"你知道吗，其实人们挖出来的井的深度远远超过了华盛顿纪念碑的高度，甚至能放下好几个华盛顿纪念碑。"爸爸顿了一下，又说，"但是它的深度和挖穿地球的深度相比，还差着十万八千里呢！如果你想挖穿地球，就得挖出好几万个华盛顿纪念碑的深度出来。要从地球的这一端挖到地球的另一端，中间会经过地心，这一段路程大概有13000千米左右。途中，你会遇到许多坚硬无比的岩石，除此之外，就没有别的了。"

　　"天哪，爸爸，你怎么会知道这些呢？难道你曾经挖过地球吗？真的要挖13000千米才能把地球挖穿吗？"我的好奇心又来了，忍不住一连问了爸爸好几个问题。

当时，爸爸耐心地告诉了我这个数值是如何计算出来的，但那时候我年纪太小，根本没有听明白。如果我现在给你们讲这个数值是怎么算出来的，你们会不会也不明白呢？

下面我就借用一个有趣的原理来给你们讲解一下：假如有一个球，不管它是一个大球，还是一个小球，它最大一圈的长度，一定是直径的三倍多一点。曾经，我对此表示怀疑，也觉得很奇怪，为什么刚好是三倍多一点呢？为什么不是四倍或者五倍呢？后来，我用实验证明了这个原理。如果你现在也觉得奇怪，我可以把这个实验告诉你，你也来做做看。

首先，你要准备一个水果，苹果或者橘子都可以，然后测量一下它的周长。量好之后，把它切成两半，再量一量它的直径。这下你就能知道这个原理到底是不是真的了。

我们都知道，地球是一个球，一个巨大的球。既然它是一个球，那么它的周长也应该是直径的三倍多一点。在很早以前，人们就已经测量出地球的周长大约是40000千米。因此，我们就可以计算出地球的直径是13000千米左右，因为13000千米的三倍多就是40000千米。如果你还不懂如何计算，可以让你的爸爸妈妈帮你算一下。

地球的表面是由一圈岩石组成的，如果要找一个形象点的比喻，不妨说它就像一个烤焦了的土豆的外皮一样。只不过中间夹着的不是果酱，而是沙子、贝壳、煤以及小石子。如果我们能像切苹果那样，把地球切成两半，我们就可以很清楚地看见地壳每一层的样子了。

通常，这些岩石之间会有煤，就像多层果酱蛋糕中间夹着果酱一样。在别的一些岩石层中，也会有金、银、钻石、宝石等一些

🔸 我用一把小铲子在院子里挖起来

7

稀有贵重的矿产。有些岩层中还会有石油。所以，人们才会挖许多矿井，以获得宝贵的矿产和石油。

除了更坚硬的石头，岩石层的下面什么也没有了。再继续往下，温度会越来越高，就会逐渐到达地球一直没有冷却的地方。在那里，岩石不再是坚硬无比的固体，而是像水一样，熔化成了岩浆。

只要看到烟囱，我们就会觉得下面一定有个炉子；只要看到烟囱正在冒烟，我们就会觉得炉子里一定烧着火。在我们生活的地球上，也有许多地方能冒出烟和火来，就好像烟囱一样，我们管这样的地方叫作火山。

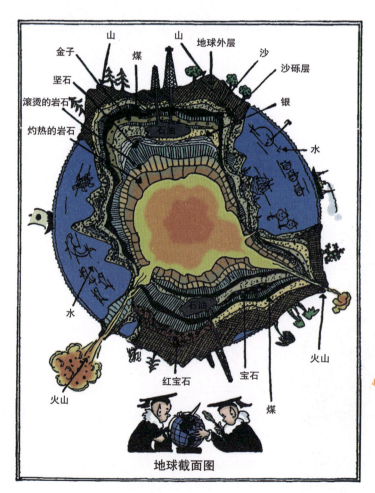

地球截面图

如果我们能像切苹果那样，把地球切成两半，我们就可以很清楚地看见地壳每一层的样子了

世界上最长的游行队伍

■ 种族

你 见过那种特别特别长的游行队伍吗？我就见到过一次。那是一次士兵游行，他们排着很长很长的队伍，一整天都在不停地走，一刻也不停歇，而我也跟着他们走了整整一天。这大概是我见过的人数最多的游行队伍了，至少也得有十几万人吧。当时，我感到很震惊，我从没想到地球上居然有这么多人。不过，我后来再也没有见过这么长的游行队伍了。我想：如果地球上所有的人都排成一队游行的话，估计要花上一辈子的时间吧。为什么这么说呢？因为我爸爸告诉过我，地球上的人口已经超过六十亿（译者注：当时数据）了。天哪，这得包含多少个十几万呀！

每时每刻都有新生儿降临人间，大概每分钟就有两百多个。在你阅读这本书的时候，就会有许多婴儿出生。同样，在每次钟声响起的时候，也会有人离开这个世界。不过，地球上每天出生的人口依然要多于死亡的人口。正因为如此，地球上的人口才会越来越多。

地球上有许多不同肤色的人，但是所有人的身高和体型都不会相差太多。跟你的大拇指差不多高的姑娘和像大山一样高大的巨人，只会出现在童话故事里，不是吗？在现实生活中，不可能有人长着鸟一样的翅膀，也不可能有人脚底长出轱辘来。我们每个人都只有一个脑袋、两只眼睛、一个鼻子、一张嘴巴、两个耳朵、两只手和两只脚。但是，你也不可能从六十多亿人中，找出长相完全相同的两个人，就算是一对双胞胎也不会长得完全一样。

人与人之间最大的差别是肤色，所以我们通常按照肤色来区分不同的人种。

在这六十多亿人中，白种人占了一部分，除此之外还有黑种人，但是人口数量最多的还是介于白种人和黑种人之间的黄种人。以前我爸爸总说："这是种族的好日子。""种族"就是指不同肤色的人。当时，我并不明白他说的是什么意思，还以为是在说什么比赛。当我问他是什么比赛时，他就会笑着说："对白种人、黑种人和其他种族的人来说，都是好日子。"（译者注：在英语中，race一词，既有"比赛"的意思，又有"种族"的意思。）

现在我居住的地方，除了有许多白种人之外，还有一些黑种人和黄种人。但是在很久以前，不同种族的人散居在不同的地方。

如果，你天生拥有黑色的皮肤；

如果，你天生拥有黄色或红色的皮肤；

如果，你出生在别的星球；

如果，你从未出生过；

那么，你现在会身处何方呢？

地球上有六个大洲可供人们居住，而我们就生活在这六个大洲上的不同国家里。地球上有非常多的国家，总共有两百多个，有的国家很大，拥有十几亿人口；有的国家很小，只有几千人口。美国的人口大约有三亿，听起来好像挺多的，不过还有比这更多的呢！在地球的那一头，有个叫中国的国家，它的人口是美国的四倍多；还有一个叫印度的国家，它的人口只比中国少一点，是世界上人口第二多的国家。中国和印度这两个国家都位于亚洲，别看亚洲的英文名在几个大洲中是最短的，它却是地球上面积最大的洲，同时也是人口数量最多的洲。

不管是家庭还是球队，都会有一个"管事"的人。在家庭中，这个人叫作"当家的人"；在球队中，这个人叫作"队长"。在一个国家中，也有这样一个"管事"的人，但他既不叫"当家的人"，也不叫"队长"，而是叫"国王"或"总统"等。但无论叫什么，他们的职责都是管理国家。大部分国家除了国王和总统外，还会有其他人参与管理国家。

国王和总统有什么区别呢？国王可以做一辈子，而且是世袭的：由父亲传

🔵 如果让全世界的人一个接一个地列队游行，那该多壮观啊

给儿子，儿子再传给孙子，代代相传。总统则是民众选举出来的，就像从球队中选出队长一样，任期通常也只有几年。

由国王统治的国家叫作王国；而领土辽阔、统治民族众多、拥有持续传统的强大君主制政体的国家，则被称为帝国，这个国王就被称为皇帝；实行共和制政体的国家叫作共和国。国王或总统加上与他们共同统治国家的人就叫作政府。政府除了颁布法律之外，还拥有两项谁也不能拥有的权力——发行货币和邮票。一个国家的货币和邮票通常只能在本国使用，语言也是如此。

地球上的语言种类很多，即便是一个国家，人们所说的语言也会有所差别。目前，全球已拥有超过5600种语言。这是多么庞大的数字呀！如果你只会讲一种语言，那你就无法与说别的语言的人交流了。在美国，几乎人人都讲英语，但其实英语本是英国的语言。

我在美国出生，那里的人都说英语，所以我也说英语。如果我生在亚洲的中国，那我说的就是中文了。如果我生在非洲，那我可能说的是一种我也叫不出名字的语言。我见过一个会说十二种语言的人，也听说过一个会说一百种语言的人。但实际上，学习语言并非易事，往往需要几年的时间。英语以及许多国家的语言都属于印欧语系，是由日耳曼人所说的语言演变而来的。像汉语、日语这两种语言，就与英语有很大差别。

女人的领土，男人的森林

■美国：马里兰州/弗吉尼亚州/宾夕法尼亚州

你试过用陀螺与别人交换弹珠或是其他东西吗？在华盛顿和美国还未诞生的时候，一条河正流经现在的华盛顿哥伦比亚特区，河边住着一些印第安人。他们常常划着独木舟，在河上与其他印第安人往来，用自己拥有的东西去换别人手中自己想要的东西，比如用珠子换毛皮、用弓换箭、用玉米换土豆。这条河的名字叫作"波托马克河"，因为在印第安语中"波托马克"是"商人"的意思。这条河刚好将两个以女王名字命名的州分开，这两个州就是马里兰州和弗吉尼亚州。这些印第安人乘着独木舟顺流而下，来到了一处更广阔的水域，他们叫它"切萨皮克"，也就是"百川之母"的意思。现在，我们在地图上可以看到"切萨皮克湾"，它是美国最大的海湾，但不是海洋。

你爱吃蜗牛、水龟、青蛙等动物的肉吗？我想应该有不少人喜欢吃。很早以前，印第安人发现切萨皮克湾中有牡蛎，但他们并不敢吃。直到有一天，一个印第安人被饥饿折磨得够呛，实在找不到可以吃的东西了，再不吃东西，他可能就会被饿死了。没办法，这个印第安人只好从切萨皮克湾中捞出几只牡蛎，敲开之后便狼吞虎咽地全吃了。结果他发现这种动物不仅没毒，味道还十分鲜美。从此之后，人们就开始吃牡蛎了。如今，牡蛎早已成为大众喜爱的美食，无论是生的还是熟的，人们都很爱吃。世界上很多地方盛产牡蛎，不过许多人依然觉得切萨皮克湾的牡蛎是最棒的。7月，牡蛎开始生长，8个月之后，就是食用牡蛎的最佳时间了。

切萨皮克湾附近有两座城市，分别是安纳波利斯和巴尔的摩。安纳波利斯得名于一位叫安娜的女王，意为"安娜之城"。在美国，每个州都有自己的首府，就好像华盛顿是美国的首都一样。安纳波利斯就是马里兰州的首府。安纳波利斯有一所专门培养水兵的学校，叫作美国海军学院。想进入这所学校并不容易，只有非常优秀的学生才有资格被录取，他们都是经过非常严格的层层选拔才脱颖而出的。在海军学院，他们不仅要学习军事及地理方面的知识，还要学习如何指挥作战呢。

巴尔的摩这座城市也源于一个人的名字，不过这个人不是女王，而是一位英国男爵。巴尔的摩是马里兰州最大的城市，在这里还诞生了美国的第一条铁路——"巴尔的摩—俄亥俄铁路"，也叫作"巴俄铁路"。这条铁路连通了巴尔的摩与俄亥俄州。

在很久之前，马里兰州北部有一个被广袤森林覆盖的州，因为掌管这里的人叫作"宾"，人们便把这里称为宾夕法尼亚，意为"宾的森林"。你知道煤是怎样形成的吗？煤是由地质时期沼泽中植物遗体在长期缺氧或少氧的环境下，经炭化作用后形成了泥炭，泥炭被埋藏后，在高温、高压力的条件下，又经煤化作用转变而成。煤有两种，一种是硬煤，另一种是软煤。你可能会奇怪，煤还有软绵绵的吗？其实，它并不是真的软得像垫子一样，而是易碎。硬煤燃烧后产生的灰尘比软煤要少，所以硬煤的价格要更贵一些。宾夕法尼亚州的东部和西部分别出产硬煤和软煤。

宾夕法尼亚州的矿工们每天都要待在黑漆漆的矿洞里辛苦地挖煤，他们日复一日、年复一年地挖掘着。正是依靠他们的劳作，我们的蒸汽机才能运转，我们才能享受到暖气带来的温暖。但同时，这种开采也造成了宾夕法尼亚州地下无数的巨大空洞。

宾夕法尼亚州还蕴藏着丰富的铁矿资源。煤是一层一层分布在岩石中的，铁矿却与岩石混在一起，这就叫作铁矿石。将铁从铁矿石中提取出来需要以下几个步骤：首先，工人们会将铁矿石放进燃烧的冶铁炉中，让铁矿石熔化成液体；然后，他们会让这些液体流入专门的模具中；最后，铁水冷却凝固成为

生铁。

炼铁的时候需要耗费大量的热能，因此必须要有好的燃料。好的燃料是什么呢？就是煤炭。但一个地方很难同时拥有铁矿和煤炭，就像喜欢玩棒球的男孩并不一定同时拥有球和球棒一样。但也有例外，位于宾夕法尼亚州西部的匹兹堡就同时拥有铁矿和煤炭。

从铁矿石中提炼出的铁有很多用处，它可以进一步炼成钢，钢可以用来制作铁轨，以及建筑中的钢架、跨河大桥等。

《圣经》中提到过一个地方，叫作"费城"，意思是"友爱之城"。美国的费城就得名于此，它位于宾夕法尼亚州，是该州最大的城市，还曾是美国的首都，可如今它的地位有所下降，连该州的首府都不是了。费城有一座叫"独立厅"的建筑，那里有一口大钟，在美国建国初期，每逢重大节日，人们都会敲响它。如今，它已经被珍藏起来了。

费城附近有个叫大西洋城的地方，那里被誉为全世界最大的"浴缸"。每年都会有无数来自世界各地的游客在那里享受日光浴和盐水浴。那里的海边有一条约几千米长、用木板铺成的宽阔人行道，人行道周围还有许多种类的娱乐设施。如果你正想找个地方度假，不妨来这里吧！

大西洋城有一条著名的木板人行道

五个大水坑

■ 五大湖

当你不小心踩到蚂蚁窝时，你有没有想过，此时此刻你在蚂蚁眼中会是什么样子呢？是不是像个巨人？在它们眼中，小水坑是不是就像大海一样宽广呢？

从地图上看，美国北部就有五个大水坑。关于这五个水坑是怎么形成的，有人会这样说：在一个雨天，一个巨人打着一把巨伞出门，落在伞上的雨水顺着伞的五个角流下来，在地上砸出了五个水坑。当然，这只是人们的想象。在巨人眼里，这只是五个大水坑而已，但是对我们而言，这就是五个湖泊，人们把它们称为"五大湖"。五大湖分别是伊利湖、安大略湖、密歇根湖、休伦湖和苏必利尔湖。其中，前两个湖是最小的湖，最后一个是最大的湖。另外，密歇根湖和休伦湖是根据印第安人的名字起的。这五大湖中，只有密歇根湖是完全属于美国的，其他的湖都位于美国与加拿大的交界处，属两国共有。

苏必利尔湖在五大湖中不仅面积最大，而且地势最高。它流经圣玛丽斯河，到达休伦湖时，湖水倾泻而下，形成了一条非常大的瀑布，叫作"圣玛丽斯急流瀑布"。虽然它远不如尼亚加拉瀑布那么高，但船只也无法从上面直接开下来。人们依然选择了开凿运河的方式，通过水闸帮助船只通行。但是这条运河并不能满足大批船只通过的需求，所以，人们又开凿了另外四条运河。

五大湖里的有些船只就像航行在大海中的船只一样，非常宏伟、漂亮。实际上，那些船只必须建造得像海上的船只一样，才能在五大湖上安全地航行。因为，五大湖就像小型的海洋。你可能不相信，如果你把船行驶到湖中央，你就会发现根本望不到四周的陆地，有时候还会遇到狂风巨浪，仿佛航行在大海之中。要说它们与大海有什么不同之处，那就是——海水是咸的，而五大湖的水是淡的。

五大湖是人们休闲度假的胜地，乘船在湖面上的感觉就像出海一样，十分享受。但穿梭在湖面上的船只并不全是游船，还有许多做运输生意的货船。用船运输货物要比用火车便宜得多，一艘大船能装很多很多的货物，甚至抵得过好几列火车。而且，火车行驶必须依靠铁轨，船只需有水就能航行。通常情况下，由于价格相对便宜，人们会尽量选择用船来运输货物，但前提是，你必须生活在海边或湖边才行。

幸运的是，美国的五十个州中有八个州与五大湖相邻，不过有几个州只有一小块地方与湖相接。密歇根州是这八个州中与五大湖联系最紧密的，除了安大略湖，其他四大湖都与它距离很近。

在上一章中，我们提到了"波托马克"——那些很会做生意的印第安人，你还记得吗？他们总是划着独木舟，在河上来来往往，与其他人交换各种东西。很久以前，五大湖地区的印第安人也是这样做生意的。如今，在五大湖的湖面上，你依然可以看到那些运输货物的船只，只不过不再是独木舟，而是比独木舟不知大多少倍的大型货船。这些装着货物的大船频繁地往返于湖的两岸，把货物送到指定的地点，再装上其他货物运到别处。

🟢 美丽的苏必利尔湖畔

苏必利尔湖的附近有个地方叫德卢斯，那里是货船航行的起点。小麦、铁矿石等货物通过火车运到这里的港口，港口的机器会将这些货物搬到船上。这就跟我们小时候玩玩具火车一样，你可以用两根手指轻而易举地把火车上的货物夹起来。在苏必利尔湖与密歇根州的交界处，有许多大型货船，它们总是满载着铜矿石和钢铁，经圣玛丽斯河，抵达位于休伦湖与伊利湖之间的底特律，在那里卸下货物。有时，它们也会把铁矿运到克利夫兰和布法罗。大部分船只不经过尼亚加拉瀑布，它们卸下铁矿石后，会装上新英格兰地区或美国东部生产的东西，运回德卢斯。冬季湖水结冰后，船只就会停止运输工作。

每一秒钟，世界上就会有一个新生儿降生；每一秒钟，底特律就会有一辆汽车被生产出来。全球大部分的汽车是底特律出产的。在底特律的工厂里，大量的钢铁和皮革等材料被放入机器的这一端，之后，崭新的汽车便会从机器的另一端出来。这里每天都会生产几千辆汽车，然后销往全球各地（译者注：均为当时数据）。

我现在正坐在一把比我的岁数还大的椅子上，它可以算是一个"古董"了。这把椅子所使用的木头产于密歇根州，那里的树木可是制作家具的上好材料。在那里，有一个非常有名的地方，叫"大急流城"，它被称为美国的"家具之城"，恐怕没有哪个地方生产的家具数量能比得上它。不过由于大量制作家具，那里的树木大都被砍伐掉了，现在人们再想制作家具，只能从国外进口木材了。

密歇根湖附近有两个紧紧相连的州——伊利诺伊州和印第安纳州，它们看起来像两个小孩子挤在窗口向外张望。美国的大城市芝加哥就属于伊利诺伊州，芝加哥的铁路是全球最繁忙的，每天都有大量的火车穿行于此，火车上不是满载着货物，就是满载着乘客。

牛肉、羊肉、猪肉是人们最常吃的肉类。在美国，每年有上百万的猪、牛、羊成为人们的盘中餐。这些动物是由芝加哥以及其他地方饲养并提供的。饲养离不开饲料，最好的饲料就是玉米，动物吃了玉米就会变得结结实实的。在众多种植玉米的州中，艾奥瓦州的产量是最大的，它又被誉为"玉米州"。芝加哥素有世界"肉店"之称，美国各地以及欧洲都可以买到来自那里的肉类，我常吃的熏肉、火腿、羊肉都是那里生产的呢。

青春之泉

■ 美国：佛罗里达州/肯塔基州

鸟类会在寒冷的天气到来之前，成群结队地飞往南方过冬。美国北部地区的冬季十分寒冷，所以一些人也会像鸟儿一样去南方过冬。佛罗里达州位于美国的最南部，在地图上看，那里就像是一只小狗的爪子。佛罗里达州的冬天也如春天般温暖，所以人们才给它取了这个名字，"佛罗里达"的意思就是"鲜花之都"。冬天，很多人都会前往佛罗里达州，他们在那里晒日光浴或是在海里游泳，完全不用担心会被冻感冒。如果说新英格兰是避暑胜地的话，那佛罗里达州就是避寒胜地。我有一个家住巴尔的摩的朋友，但他一年之中只有少数时间待在巴尔的摩。冬天，他会前往佛罗里达州避寒，到了夏天，他又会前往新英格兰避暑。

据说，在很早以前的佛罗里达州，连一个白种人都见不到。直到他们听说了一个关于"青春之泉"的传说，才怀着好奇心赶到了那里，并在那里定居了下来。传说中的青春之泉可以让人恢复青春，只要你喝一些泉水或用它来洗澡，不管你年龄有多大，都可以变得年轻。但传说终归是传说，世界上任何一个地方都不会有"青春之泉"。不过，许多在那里过冬的老人都觉得自己变年轻了。

在佛罗里达州，并不是所有人都在沐浴着阳光。当游客们正在尽情玩乐、享受时，当地人却在为远道而来的游客忙碌地提供着各种服务。大量游客的涌入，刺激了服务行业，促进了旅游业的蓬勃发展。为了满足大量游客的需求，当地人经营起了酒店和旅馆，还有人种起了蔬菜，这些新鲜的蔬菜将会被运往寒冷的北部地区。如果没有这些蔬菜，北部地区的人们冬天就只能吃蔬菜罐头或是冷冻蔬菜了。我们都知道，篮球、足球等体育赛事都是分赛季的。同样，蔬菜和水果也是在不同季节成长的。佛罗里达州四季如春，那里不会下雪，更没有霜冻，气候环境非常适宜果蔬生长。所以，当地人会把反季节的果蔬送到其他地区，这样的话，北部地区的人们在寒冷的圣诞节也能吃到新鲜的草莓，并且一年四季都能吃上芦笋、生菜、萝卜等蔬菜了。

佛罗里达州有两种特有的水果——橙子和葡萄柚，因为这两种水果只能在无霜冻的环境下生长。葡萄柚的果实是成簇生长的，看起来很像一串金灿灿的葡萄，正因为如此，人们才会叫它"葡萄柚"。葡萄柚的味道比较苦，刚开始并不受人们喜欢，但是后来人们习惯了，也就爱上了它的味道。佛罗里达州的葡萄柚产量非常大，位居世界第一。

很久之前，美国的南部还没有佛罗里达州这个地方。那时，南部的海水很浅，也很温暖，许多海洋小动物聚居于此。这些小动物真的很小，可能还没有果冻大呢。它们有的外面长着坚硬的外壳，有的身体中间长着坚硬的骨头。这些小动物死后，那些贝壳和骨头就会在海底慢慢堆积，然后露出水面，久而久之，就有了今天的佛罗里达州。佛罗里达州的土壤肥沃，适宜果蔬生长，因此，其他州的一些人还会专程来购买这里的土壤回去种菜呢！

很久很久之前，人类还没出现在地球上的时候，整个美国都是不存在的。美国与佛罗里达州一样，也是由那些海洋动物的残骸慢慢堆积形成的。这些由贝壳和骨头组成的石头被人们称为"石灰岩"，因为它可以像石灰一样被火点燃。地壳运动会让一些地方升起来，让一些地方降下去，美国的大部分地区都是从海底升起来的。你可能会觉得奇怪，我怎么会知道这些呢？其实，人们在美国的许多高山上都发现了含有贝壳和动物骨头

🍊 佛罗里达州盛产多汁的葡萄柚

的石灰岩。我们常用大理石来建造宫殿和雕塑，而大理石就是石灰岩的一种，也是由动物的骨头变成的。

在美国的肯塔基州，有一处很特别的溶洞，人们称它为"猛犸洞"，它也是美国著名的景点之一。猛犸又叫长毛象，是一种体形庞大的史前动物，电影《冰河世纪》里的主角之一就是猛犸。在英语中，通常我们会用"猛犸"（mammoth）这个词来形容一些很庞大的事物。这些溶洞并不是出自人类之手，而是由于常年滴水而形成的。我们都知道，水可以将食盐溶解。其实，水也可以溶解石灰岩，而这个溶洞里都是石灰岩。"猛犸洞"的空间非常大，它完全可以容纳一座城市。在溶洞里你很有可能会迷路，一旦迷路，后果也很可怕。这里曾经死过很多人，他们都是因为迷路而没能走出溶洞，直到很多年后，他们的尸体才在溶洞的某一处被人发现。

溶洞顶上总有水滴不断落下，这些水滴中也含有石灰岩的成分。时间一长，这些水滴就会使溶洞顶上形成一些下垂的石柱，这些石柱被称为"钟乳石"。当这些水滴从钟乳石上滴落的时候，地面上也会形成许多石柱。日复一日，年复一年，这些下垂的石柱越长越长，地上的石柱也越长越高，两处的石柱甚至还会连在一起。顶上滴落的水落在地上，还会形成水池。池中生活着一种特殊的鱼类，特殊在哪儿呢？这些鱼没有眼睛，因此，人们称它们为"盲鱼"。其实，它们最初是有眼睛的，只是由于长期生活在黑漆漆的洞里，眼睛根本用不上，也就一点点地退化了。即使没有眼睛，盲鱼也能依靠特殊的感觉器官来感知周围的事物。

猛犸洞

🔸 猛犸洞就像是一个巨大的地窖

拥有众多"最"的地方

■美国：加利福尼亚州/华盛顿州/俄勒冈州/阿拉斯加州

人都喜欢最好、最大、最高、最漂亮的东西。有这么一个地方，就有许多许多"最……"的东西，比如最好吃的橘子、最大的李子、最雄伟的山峰以及最舒适的气候。有人可能不相信，说："世界上怎么会有这样的地方？"其实，我说的这个地方确实存在，而且就在地球上，它就是拥有众多"最"的加利福尼亚州。

这个州的名字起源于传说中的一个小岛，而传说中的许多情景也在加利福尼亚州出现过。比如，人们曾在加利福尼亚州的河中发现了金子，是不是很神奇？在美国东部的

阿拉斯加州印第安人的图腾柱

人看来，加利福尼亚州的很多传说像童话故事一样，让人称奇。比如，传说中那里有一棵长得比云朵还高的参天大树，人们在它的树干中掏挖了一条隧道，汽车可以随意通行，而且这棵大树在耶稣诞生之前就已经存在了。实际上，这里还真有这样的树，它就是大红杉，一种非常古老的树，它经历过恐龙时代，见证了地球的变迁。如果这些树能开口讲话该多好啊，我们就能听到许多许多的故事了！

下面，让我们数一数加利福尼亚州到底拥有多少个"最"吧！

第一个"最"，加利福尼亚州是美国最长的州。如果把加利福尼亚州放到大西洋沿岸，那它能从佛罗里达州一直延伸到纽约州。

21

加利福尼亚州拥有美国本土最高的山峰——惠特尼山，这是第二个"最"。

加利福尼亚州有一个比海平面还低60多米的山谷，它是美国海拔最低的山谷。谷底气候干燥、炎热，除了角蟾蜍和角蜥蜴之外，没有别的动植物能在那里生存。这两种动物都很喜欢炎热干燥的环境，而且越热越好。有人说它们能在火里生存，不过，这仅仅是传说而已。除了一些淘金者，几乎没人会去那里。不过，这些淘金者不但没有在那里找到金子，而且迷了路，被困在了那里，搭上了性命。也有人尝试去那里探险，结果不是热死了，就是渴死了。所以，人们才会管那里叫作"死亡谷"。这是加利福尼亚州的第三个"最"。

加利福尼亚州还有一个山谷，但它不是令人害怕的山谷，而是令人向往的山谷。这是加利福尼亚州最美的山谷——约塞米蒂。这里有许许多多漂亮的瀑布，其中有一处瀑布尤为美丽。这个瀑布的水在落入谷底之前会变成无数水雾，就像蒙在新娘脸上的面纱一般，十分美丽，所以人们给它取名叫"新娘瀑布"。在这里，还有许多比尼亚加拉瀑布还要高的瀑布，更让人惊奇的是，有两处瀑布竟然高400多米，在美国，没有哪个瀑布能高过它们。约塞米蒂有最漂亮的山谷，还有最高的瀑布。看，又多了两个"最"。

加利福尼亚州还有最甜的橘子、最酸的柠檬、最大的葡萄……但这些水果的原产地并非加利福尼亚州，而是西班牙。当初，一些西班牙人移居到了美国，同时把西班牙的特产橘子和柠檬移植过来，并在加利福尼亚州和佛罗里达州广泛种植。

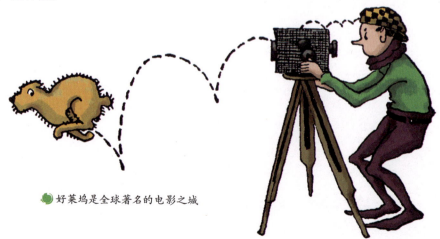

好莱坞是全球著名的电影之城

被誉为"天使之城"的洛杉矶，是太平洋沿岸最大的城市，著名的好莱坞就在那里。好莱坞是个非常神奇的地方，许多著名的影视作品都诞生在那里。好莱坞的好天气与美丽风景都为电影拍摄提供了有利条件：要拍摄沉船或航海镜头，旁边刚好就有一片大海；要拍摄热带风光，附近就有一片热带雨林；要拍冬季的景色，别担心，不远处还有一座终年被白雪覆盖的山脉。

旧金山位于洛杉矶的北面，面积与洛杉矶差不多。要不是1906年发生了一场大地震，旧金山的面积其实比洛杉矶要大一些。那次地震非常严重，几乎将整个旧金山都摧毁了，许多人也因此丧命。地震还引发了一场大火，地震中幸存的建筑也被大火烧毁，整个城市几乎被夷为平地。虽然这次火灾对于当地人来说如同灭顶之灾，但幸存的人们并没有丧失希望，他们用保险公司的赔款重建了这座城市，创造了如今的旧金山。

旧金山有一个全球最好的港口，这个港口就位于长达80千米的海湾边上，船只经金门后在这里靠岸。在旧金山开车绝非易事，因为整个城市都建在陡峭的山坡上。不过，在山坡上建房子也有个好处，你可以在房子里远眺海湾、金门以及广阔的大海。金门大桥与布鲁克林大桥一样，也是悬索桥，不过它比布鲁克林大桥更大、更结实。各种船只往返于旧金山港口，有些船也会越过太平洋，前往对岸的国家，如中国、日本。很多中国人就是这样漂洋过海来到旧金山的，他们在这里人生地不熟，所以团结一心、同舟共济。这里有个地方叫"唐人街"，那就是中国人生活的地方。唐人街有许多带有中国特色的商店、剧院等。许多日本人也来到美国定居，他们在这里购买农场、种植果蔬。

在继续讲述之前，我先给你出道题吧："什么东西没有脚，却跳得比华盛顿纪念碑高？"你可以先想一想，答案我一会儿揭晓。

在俄勒冈州和华盛顿州之间，有一条哥伦比亚河，它是以航海家哥伦布的名字命名的。这条河里盛产一种个头比较大的鱼，叫鲑鱼。这种鱼平时生活在大海里，但一到产卵期，它就会越过瀑布，来到哥伦比亚河中，找个不会被打扰的安静地方，安心产卵。它是怎样越过瀑布的呢？是跳过去的！你肯定会觉得奇怪，它又没有脚，怎么可能会跳呢？实际上，鲑鱼是用尾巴跳过去的，它的尾巴可以卷成弹簧那样，然后"噌"的一下，就会跳得比华盛顿纪念碑还高。

"那里的瀑布真像华盛顿纪念碑一样高？"

"没有，我只是夸张了一下，那里的瀑布实际上并不高。"

"那你为什么说鲑鱼跳得比华盛顿纪念碑还高？"

"哈哈，因为华盛顿纪念碑不会跳呀！这其实是一道脑筋急转弯。"

要说世上最古老的水果是什么，那一定非苹果莫属。早在《圣经》当中，就有亚当和

🍃 华盛顿盛产"顶呱呱"的苹果

夏娃因为偷吃苹果而被逐出伊甸园的记载，可见苹果有多古老。很多人认为，华盛顿州出产的苹果要比亚当和夏娃吃的苹果好吃得多。正因为华盛顿州出产的苹果很美味，它才会被销往全国各地，深受人们的喜爱。用印第安人的话说就是"顶呱呱"——这是他们对好东西的高度评价。

华盛顿州和俄勒冈州拥有繁茂的森林，那些树木被用来造纸、建房是再好不过的了。我现在写手稿用的纸就是用俄勒冈州的树做的。你是不是要问我，我是怎么知道的？因为那里产的纸张都会印有"俄勒冈"的字样，你把纸对着太阳就能看到了。

美国的最北部是阿拉斯加州，那里坐落着全美最高的山峰——麦金利山。阿拉斯加州的气候寒冷，且远离美国大陆，人们去那里要花费很长的时间。原来那里并不属于美国，而是南北战争即将结束时，美国用几百万美元从俄国手中买来的。那里盛产鱼类和动物毛皮，后来，人们还在那里发现了金子。

金子真是一种具有魔力的东西。当得知阿拉斯加州有金子之后，许多人都放下手里的一切，拿着铁锹就赶赴遥远的阿拉斯加了。他们中的一些人赚钱心切，连生活用品都顾不上准备，只带了一把铁锹和少许食物。这些人好不容易到了目的地，却没办法生活下去，因为那里根本就没有食物和商店。不过，也有一些聪明人，他们去的时候带上了帐篷、食物等必需品。迫于生计，那些什么都没带的人只能用金子去换聪明人的食物和其他物品。到最后，那些准备

充分的聪明人反而成了真正的赢家，赚足了金子，而那些毫无准备的人能活下来就已经很不错了。

阿拉斯加州生活着一群印第安人，他们住在鱼群密集的地方。他们搭建了一个个小村庄，每个村庄里都立有一根柱子。柱子又长又高，上面还刻着鸟兽的图案，人们管这样的柱子叫"图腾柱"。每个部落或家族都用一种动物作为自己专属的吉祥物，比如鹰、熊等。这些图腾柱就是部落的象征。

有时，在北方的天空中，会有许多像火焰一样的美丽光束，把夜空装扮得绚丽多彩。在我跟你们差不多大的时候，就见到过一次这样的景象。那时候，我感觉整个地球都被熊熊大火包围着，还以为世界末日降临了呢。后来我才知道，那是"北极光"。在阿拉斯加州，你会经常看见北极光，但是在南部地区，你可能一辈子只能看到一两次北极光。当你第一次见到北极光，可能会感到害怕，其实它只是一种自然现象，就像落日和彩虹一样，不会对你造成伤害。

北极光是一种光学现象，由原子与分子在地球大气层最上层运动而激发。它的形成必须具备三大要素：太阳风、地球磁场、大气。太阳风，是太阳对宇宙不断放射的一种能量，由电子与质子组成。太阳的激烈运动会放射出无数的带电微粒，当带电微粒流射向地球，进入地球磁场时，受到地球磁场的影响，会沿着地球磁力线高速进入到南北磁极附近的高层大气中，与氧原子、氮分子等质点发生碰撞，从而产生了"电磁风暴"和"可见光"的现象，形成了绚丽多彩的"北极光"。

🌿 阿拉斯加地区的景色

小心，海盗出没！

■ 加勒比海地区

有一次，我乘坐火车离开巴尔的摩，一个人问我："朋友，你这是要去哪儿啊？"我回答他："我要去巴尔的摩。"那个人听完后，疑惑地瞪大双眼，看着我说："你坐错车了吧？这趟火车可是要离开巴尔的摩的啊！"

"嗯，我知道，"我从容地回答他，"我就是要坐着这趟车离开巴尔的摩，然后跑遍全世界，再回到这里，我还可以从相反的方向回来。"

印度位于地球的另一端。以前，人们想要去印度，都会向着东方一直前进，要走的距离非常遥远。后来，哥伦布提出了一个新的想法，他认为朝西边走，也可以到达印度。当时，这个想法遭到了所有人的嘲笑，那些人认为这太愚蠢了，向西走怎么可能会到达东方呢？但是，哥伦布一直相信地球是圆的，如果一个人想要去某个地方，无论朝哪个方向走，最终都会到达那里。带着这样的信念，哥伦布出发了，他一路向西航行了很久，终于看到了一些小岛。他觉得这里一定就是印度，于是，他把这些小岛命名为"西印度群岛"。其实，这里并不是印度，而哥伦布也从没到过印度，即使他当时再往西多行驶一些，也会被美洲大陆阻挡住。

这些岛上的人看起来与印度人很像，但并不是印度人。他们拥有红色的皮肤，脸上还涂着颜料，头发上插着一些羽毛。哥伦布把他们称为"印第安人"，别的人管他们叫"加勒比人"，意思是"勇士"。紧紧围绕着这些小岛的海域就是著名的加勒比海，也就是"勇士的海"。

当初，哥伦布寻找印度的目的其实是为了找到一条到达那里的新航线，但是他失败了。后来，又有一大批人开始了寻找新航线的旅程，他们终于成功了，不过，这些人的主要目的是寻找黄金和白银。他们从墨西哥和南美洲找到了黄金和白银，还从印第安人手里抢走了大量金银。然后，他们把金银财宝装上了船，打算运回西班牙。

想要把装着金银财宝的船只安全地开回西班牙，可不是一件容易的事，因为那些海上的强盗——海盗，都在等着抢劫这样的船只呢。海盗可不是那么好对付的，他们长相凶狠，性格暴戾，腰上系着血色的腰带，脖子上围着血色的围脖，头上还包着血色的头巾。他们的耳朵上戴着巨大的耳环，手臂上戴着夸张的手镯，光是看起来就很吓人。准备周全之后，海盗就会躲在一些小岛后面，伺机行动。只要一有满载着金银珠宝的船只进入他们的视线，他们就会在桅杆上升起一面黑色的旗子，旗子上画着一个大大的骷髅头，骷髅头下面画着两根交叉的骨头。海盗船会慢慢逼近目标，然后劫持它们。海盗不仅会抢劫船只以及金银珠宝，还会让船上的人给他们当奴隶。如果他们不需要奴隶，就会让这些人玩"走木板"的游戏。你可别以为这个游戏很有趣，实际上它很残忍。海盗们会在船上放一块木板，再用布把那些船员的眼睛蒙起来，让他们走在木板上，然后这些可怜的船员就会失足掉下船去，淹死在茫茫的大海中。那些剩下的金银财宝会被海盗们装进一个大箱子里，锁好之后运回海盗们住的小岛，然后挖个坑埋起来。最后，他们还会在地图上对应的地方画个"×"，免得以后找不到它。

现在行驶在加勒比海上的船只完全不用担心会遇到海盗，因为那些加勒比海盗在很久之前就消失得无影无踪了。而且，现在的船上也不会有金银珠宝了，即便你真的遇到了海盗，他们也许还看不上你船上的东西呢。

加勒比海的气候非常宜人，周围岛上的风景也很美丽，很多人会去那里度假休闲，我也去过一次。

那次经历给我留下了很深的印象，直到现在我还记得。当时，我从纽约出发，走的那天还在下大雪，几天后，我到达了一个叫百慕大的岛，那里阳光普照，气候宜人，麝香花和百合花艳丽绽放，土豆和洋葱苗壮生长。当地人把这

🟠 加勒比海地区盛产香蕉

些鲜花和果蔬装好后送往纽约，纽约人因而能在寒冷的冬天吃到夏天的水果，欣赏夏天的鲜花。

后来，我坐着船又往南行驶，到了另一个小岛。这个小岛叫拿骚，是巴哈马的首都。这里的海域盛产海绵，当地人采摘海绵后，会把它们运往美国销售。你是不是会问："海绵为什么是'采摘'的呢？它不是一块布吗？"其实，海绵并不是一块人工制成的布，它原本是长在海底岩石上的具有生命的生物，它的外面包裹着一层果冻似的东西。如果想要取出海绵，就需要先把它们从岩石上扯下来，再将那层"果冻"去掉，里面剩下的就是海绵了。

你知道哥伦布最初登陆美洲的小岛在哪儿吗？它就位于巴哈马群岛之中。这座岛上立着一块纪念碑，据说那里正是哥伦布当初登陆的地方。

西印度群岛中有三个紧密相连的岛，其中最大的那个叫古巴岛。当初哥伦布来到这里，发现岛上的印第安人的嘴里总叼着一根细细的东西，他们深吸一口气，就会吐出一口烟，就像吞云吐雾的龙一样。哥伦布十分纳闷，他不明白这个东西为什么会让那些印第安人看起来很享受。后来他才知道，那个东西叫"香烟"，是用一种叫烟草的植物做成的。现在，香烟早已不再稀奇，全球有许多地方都在种植烟草。但古巴的烟草始终是最好的，其首都哈瓦那就盛产烟草。古巴曾经是西班牙的殖民地，被西班牙统治了很长一段时间才独立。

凡是蔬菜或水果，或多或少都会含有糖分。有的水果吃起来很甜，含有较多糖分，比如荔枝；有的水果吃起来酸酸的，糖分较少，比如柠檬。如果某种水果糖分非常多，它可能就会被用来制作食糖，比如甜菜和甘蔗。甜菜的外形酷似萝卜，而甘蔗看起来就像玉米秆一样。古巴的甘蔗产量位居世界第一。

三个岛中的第二大岛是海地岛。岛上有两个国家，它们与美国有一点共同之处，就是都由人民投票来选举总统、参议员和众议员。

据说海地岛上埋葬着哥伦布，后来，人们真的在那里挖出了一具骸骨，他们把它当成哥伦布的骸骨送回了西班牙。不过，也有人说那并不是哥伦布的骸骨，哥伦布的骸骨其实还在海地的某处埋着呢。

三个岛中还有一个是波多黎各岛，那里也盛产烟草，但无法与古巴产的烟草相提并论。

这三个岛的南边有一个小岛，叫牙买加。牙买加的特产是香蕉。我们平时买到的香蕉都是黄色的，但它被摘下来时是绿色的，那时的香蕉并没有成熟，不过当它到达美国时，就会变成熟了。你可不要因为好奇而去吃没成熟的香蕉，不然你的肚子就会很疼。不过这也不要紧，你可以再来点牙买加的姜，它会让你的肚子不再疼痛。另外，这种姜也可以治胃疼。

如果海盗们抢劫了一艘船，而船上并没有金银财宝，只有烟草、食糖、海绵、香蕉……那么，海盗们一定会被气疯的。

古巴的农民正在收割甘蔗

白银之都，纤长之国

■ 阿根廷/智利

小宝宝出生后，爸爸妈妈都会为他取个名字。有些名字含有具体的寓意，所以当小宝宝长大之后，这个名字可能就和他不太相称了。比如，一个叫"查尔斯"的孩子长大之后并不强壮，但"查尔斯"却是"强壮"的意思；一个小孩子叫"鲁斯"，意为"美丽"，但他长大之后可能一点也不美丽。总之，谁也无法预料。

白种人在刚刚抵达巴西南边的国家时，看到了许多佩戴着各种银制饰品的印第安人，便觉得那里一定有许多银矿，还给这个国家取了"阿根廷"这个名字。在西班牙语中，"阿根廷"就是"白银之都"的意思。过了一段时间，他们才发现这里的银矿简直少得可怜。不过出于习惯，这个名字却被沿用下来，就像有些孩子长大后虽与他的名字并不相称，但也不会再改名了一样。

你可别因为阿根廷的银矿很少就认为这个国家很贫穷，实际上，阿根廷是南美洲最富有的国家。这里盛产大麦和肉类，阿根廷人以此赚了不少钱。如果依照西班牙人取名的方式，"小麦之都"或"肉类之都"这两个名字似乎更适合阿根廷。不过听起来，还是"白银之都"这个名字更好听。阿根廷田地广阔，大部分种植小麦和玉米，还有大片大片的草原，可以放养牛羊。通常，放养牛羊的人被称为"牛仔"，但在阿根廷，这些人被称为"加乌乔牧人"。那里有一种非常有特点的披风，叫南美披风。这种披风像毯子一样，中间还有个洞，牧人可以很轻松地把头从洞中伸出来。白天，它就是穿在身上的衣服；夜晚，它就成了盖在身上的毯子。加乌乔牧人的身上总带着一把很大的刀，既能切割食物，又能当武器防身。

　　阿根廷人主要用玉米喂养牛羊，然后靠贩卖牛羊肉、牛皮、羊毛来赚钱。

　　阿根廷素有"南美洲的美国"之称，它与美国在很多方面都有相似之处。比如，阿根廷与美国一样，都是四季分明——夏季炎热、冬季寒冷。只不过，当美国正值冬季的时候，阿根廷处于夏季；当美国正值夏季的时候，阿根廷处于冬季。这是因为这两个国家一个位于北半球，一个位于南半球。更有趣的是，阿根廷的圣诞节是在夏天，而七八月则是冬天，所以阿根廷人在圣诞节时避暑度假，七八月时就去滑雪享乐。

　　阿根廷的首都是布宜诺斯艾利斯，它是南美洲最大的城市之一，所以又被称为"南美洲的纽约"。"布宜诺斯艾利斯"在西班牙语中的意思是"清新的空气"。有一条河从布宜诺斯艾利斯旁流过，它就是拉普拉塔河。在西班牙语中，"拉普拉塔"意为"银子"。在"白银之都"有一条"白银之河"，这是不是很有意思呢？

　　在南美洲，白种人的数量明显少于印第安人与白种人生的混血儿的数量。但在阿根廷，还是白种人更多一些。这又是阿根廷与美国的一个相似之处，只不过阿根廷的白种人大部分是西班牙后裔，说西班牙语，而美国白种人说的是英语。

　　从阿根廷出发，沿着拉普拉塔河往北走，会遇到两个夹在几个大国之间的国家，那就是乌拉圭和巴拉圭。与阿根廷一样，这两个国家也有喜爱穿着南美披风的加乌乔牧人。乌拉圭有一种马黛树，它的树叶可以泡茶，泡出来的茶就叫马黛茶。这种茶在南美洲大受好评，乌拉圭人想：既然这茶这么受欢迎，不如把它卖到其他国家去吧。但他们没想到，有些国家的人更喜欢咖啡和普通的茶，而不愿接受马

🔵 **穿着南美披风的加乌乔牧人**

黛茶。你看，大人有时候也跟小孩子一样，只吃自己爱吃的东西。

智利位于太平洋沿岸，与阿根廷之间仅仅隔着一座安第斯山脉，由于它地形狭长，所以又被称为"纤长之国"。"智利"是"白雪国度"的意思，因智利山脉众多、山顶上又常年被冰雪覆盖而得名。虽然有安第斯山脉阻隔，但两国依然爆发了战争。后来，他们停止战争，签署了和平协议，就像美国与加拿大那样。他们还将一个巨大的耶稣铜像建在了安第斯山脉的顶上。这个铜像是由两国交战时的武器熔化铸成的，铜像底部还印有一句话："两国向耶稣起誓，除非安第斯山脉崩塌陷落，否则智利与阿根廷永不开战。"直到今天，两国一直保持着和平状态。看来这个办法真的很有效，别的国家也可以尝试一下。

你是不是觉得，地形狭长又有众多山脉的智利一定很贫穷呢？其实正好相反，智利是一个非常富有的国家。智利的北部有一大片沙漠区，那里雨水极其稀少，几乎十年都不会下一滴雨，但你能想象得到吗，那里却是全球最富裕的地方之一。这么说你是不是更觉得奇怪了，你肯定会想：这怎么可能呢？沙漠里又不能种植物，不能放养牛羊等动物，也不会有金矿银矿，怎么还会富裕呢？因为，那里确实有一种非常值钱的东西，叫作硝酸钠。你是不是从没听说过这种东西？其实，硝酸钠就是大海中的盐。它为什么这么值钱呢？这是因为全世界都需要它，把它放进农田里，就能让地里的庄稼苗壮成长。你是不是又有疑问了：既然它对庄稼的生长这么有利，那它所在的地方怎么什么也长不出来？答案很简单，因为那里不下雨。不过，如果下雨的话，那就糟糕了，因为地里的硝酸钠就会溶解。很久以前，这片沙漠是在海底，但后来发生了地震，它才慢慢地从海中升了上来，形成了陆地。所以，它现在看起来就像一条又细又长的沟渠。海水蒸发

安第斯山脉上的基督铜像

光后，剩下的就是硝酸钠了。智利还盛产碘，你知道碘吗？当我们不小心使身体某处受伤时，妈妈就会在我们的伤口上涂抹一些褐色的液体，这种液体就是碘酒，碘酒中就含有碘。

智利有一个地方叫作"天堂之谷"，虽然名字叫"谷"，但它并不是一座山谷，而是一个海港。那里和它的名字太不匹配了，风景不美丽，气候也不宜人，完全不是想象中"天堂"的样子。真不知道人们为什么给它起了这个名字。

智利的首都是圣地亚哥，它地处高山，气候舒适宜人。

世界上第一个成功实现环球航海旅行的人是麦哲伦，他在出发时选择了和哥伦布一样的路线——向西航行，也一样被美洲大陆阻挡了。但他并没有就此放弃，而是选择沿着南美洲继续航行，希望找到通往太平洋的路线。他沿着亚马孙河航行，以为能够找到，但是失败了。之后，他又沿着拉普拉塔河航行，也没有成功。就在他航行到南美洲最南边的时候，终于发现了通往太平洋的通道——一座曲折的海峡。后来，人们就以麦哲伦的名字命名了这座海峡。当麦哲伦驶过这座海峡时，他看到左边的大陆上正燃烧着熊熊大火，没有人知道这是火山爆发还是印第安人点燃的火。然后，他给它起了"火地岛"这个名字，西班牙语意为"大火燃烧的土地"。当时，他右边的大陆就是阿根廷南部，那里的印第安人脚很大，所以他就把这些人叫作"巴塔哥尼亚人"，意思就是"大脚的人"。

多少个世纪以来，所有船只都是按照麦哲伦的路线航行的。当然，也有一些胆大的人会直接绕过南美洲最南端的合恩角。为什么说他们胆子大呢？因为合恩角地区暴风雨频发，行船十分危险。后来，麦哲伦海峡两端建起了汽车加油站一般的给船只提供物资的小镇，叫"蓬塔阿雷纳斯"，意为"沙尖"。这个小镇是全世界最靠南的城镇。后来，人们可以从巴拿马运河通往大西洋或太平洋，蓬塔阿雷纳斯就没人光顾了，当地的经济也变得惨淡了。后来，当地人想出了新的生财之道，他们开始在火地岛上养羊，再将羊毛兜售到全球各地。

横渡大西洋

■ 大西洋

如果你明天就动身去欧洲旅行，你要准备些什么呢？除了火车票或飞机票、行李之外，你还得带上两件必不可少的东西。其中一个就是钱，当然不是美元，而是在当地可以使用的钱；另一个就是护照。护照的外形像个小本子，上面贴着一张你的照片，还有几页是你的资料等其他内容。别小看这本护照，有了它你才能顺利进入别的国家。否则，你就不能登上前往这个国家的飞机或者船只。所以请注意，你的护照一定要随身携带，千万不能弄丢了。

从"新大陆"最大的城市纽约乘船经大西洋前往"旧大陆"最大的城市伦敦，大约要行驶4800千米。

当时，哥伦布在大西洋上航行了整整一个月的时间，才从欧洲到达美洲。

换作现在，我们最多只需一个星期就能到达。

如果想更快一些，你可以乘坐飞机，连一天时间都用不了。

有一种东西，速度比飞机还快，它会是什么呢？答案很简单，就是太阳。每天，太阳都要从伦敦"飞"到纽约，只需要5个小时，而且从不会迟到。

当太阳正悬挂在伦敦天空的正中央时，伦敦的时间是中午12点，我们称之为"正午"。5个小时之后，太阳又跑到了纽约的正上空，这时，美国的时间也是中午12点。当然，在太阳跨过大西洋、从伦敦来到纽约的这段时间里，伦敦的钟表也没有休息，依然"嘀嗒嘀嗒"地不停运转着。当纽约时间是中午12点时，伦敦已经是下午5点了。伦敦所有的钟表都比纽约快了5个小时，这5个小时就是时差。

所以，如果你正准备出发去伦敦，你就要先把自己的手表往前调5个小时，这样当你到达目的地的时候，你手表上的时间就和当地时间一样了。当你打算回来时，也别忘了再把手表往后调5个小时。你有在伦敦居住的朋友吗？如果你在上午10点给他打电话，你可以问问他那里是几点，对方一定会说："伦敦现在是下午3点。"

航海船上的钟看起来就和我们家里的钟一模一样，但它们又有不同之处，那就是响铃的方式。一般来说，家里的钟是每个整点响一次，几点就响几声，比如1点就响一声，2点就响两声，以此类推。也就是说，它最多响十二声。船上的钟则是1点响两声，2点响四声，3点响六声，4点响八声。4点以后重复刚才的过程，每半个小时响一次，比如4点半响一声、5点响两声、5点半响三声。它永远都不会超过八声。

夜晚来临时，我们就会去睡觉，但是在海中航行的船只却不能休息，依然得向前行驶。所以，船员们必须轮流值班，担负起船上的不同工作：有的负责维护发动机，有的负责开船，有的负责查看周围的环境，确保船只能够安全地行驶在大海上。

我想，你现在肯定有一大堆问题：从纽约到伦敦的途中，周围尽是一片茫茫大海，连个指示牌都没有，船只是怎么判断航向的呢？如果遇到了风浪或是浓雾，那不是更难以判断了吗？

在茫茫大海上保持正确的航向，并没

🔴 太阳从纽约"飞"到伦敦只需要5个小时

有你想象的那么难。因为，每艘船的方向盘上都装着一个盒子，盒子里有一个小小的指针，这个指针能够始终指着一个方向，无论船只如何颠簸，都不受影响。这个东西你可能知道，它就是指南针。指南针为什么会一直指着一个方向呢？你一定玩过磁铁吧，它能把它附近的小针、小图钉都吸起来。在北极，也有这样一个类似磁铁的地方，地球上所有的指南针都会指向它。这个地方就叫作"磁极"。

有了指南针的指引，船只就不会迷失方向，可以顺利抵达英国了。不过，船只也不能一直顺着指南针的方向走，否则它就要开到北极去了。

天气晴朗的时候，船上的人就能享受到美好的时光。他们可以跳舞，可以合影留念，可以吹海风，还可以写信、看书，这可比在火车上惬意多了。在船上，人们每天吃五顿饭，剩下的时间，你可以躺在甲板上的椅子上，盖着毛毯，一边晒着太阳，一边远眺广阔的大海。运气好的话，你还会看到可爱的海豚呢！它们时而跳出水面又落下、溅起朵朵浪花，时而与船只比赛谁游得更快。有时候，你会看到巨大的冰块漂浮在海面上，那就是冰山，它的体积比船的体积还要大。遇到它，船只必须绕开行驶。有时候，你也会看见一些会喷水的"小岛"，那其实是鲸，鲸喷水就是在呼吸。

风平浪静的时候，大西洋就如同一面巨大的镜子，所以，人们又管它叫"大池塘"。但大海总是变幻莫测的，刚刚还风平浪静，下一刻，就可能会波涛汹涌。这时候，船只就会随着风浪上下起伏、左摇右晃，有的人就容易晕船。如果这时候你在吃饭，你就必须用东西把盘子固定住，免得盘子从桌上滑下来。一个巨浪接着一个巨浪朝船只打过来，感觉船随时可能被打翻似的。实际上，你不用担心，无论风浪多大，船只都不会被打翻，除非撞上冰山或其他船只而令船身受损。

除了巨大的风浪，浓雾也是船长担心的问题。一旦出现浓雾，人们就什么也看不见了，如果周围存在冰山或是其他船只，就可能发生碰撞。所以，遇到浓雾时，船只必须放慢速度，船上的大喇叭发出信号，每分钟就会响一次，直到浓雾消退。如果浓雾持续很多天都不消退，船员们就会格外警惕。他们站在船舷上，仔细聆听、查看着周围的情况。一般他们能听到相隔很远的其他船只的喇叭声，但却看不清对方，只有当两条船距离几十米的时候，他们才能大致看见对方。有时候，浓雾会一直伴随着整段航程，等到浓雾消退，他们就能看到英国的海岸线了。

我知道一个方法，可以让你在还未着陆之前就知道马上要上岸了，你想知道是什么方法吗？答案其实很简单，就是海鸥啦！海边的海鸥只要看到船，就会成群地飞过来，但它们可不是在迎接你的到来，而是为了食物。海鸥是一种很聪明的动物，它们知道船上会有许多来自厨房的垃圾，里面肯定有不少好吃的东西。所以，只要看到成群飞来的海鸥，你就能知道马上要靠岸了。靠岸之前，你会看到有一个人驾驶着一艘小船靠近你所在的大船，大船会继续行驶，并把一条绳梯放下去，那个人就会顺着梯子爬上来。他是干什么的？他来大船做什么？其实他是领航员，负责把大船引进港口。大型船只无法开进港口，必须被小船牵引着拖进港口。当船靠岸时，工作人员会在码头与甲板之间放下一座步桥，方便人们上岸。英国与美国的语言一样，都是英语，所以两国人之间的交流很方便。不过，虽然双方说的都是英语，但这两个国家的发音会有一些不同。美国人会觉得英国人的发音很奇怪，而英国人则会认为美国人的发音是可笑的"美国口音"。到达英国后，你必须先出示护照，再打开行李让人检查，这些人是海关的工作人员。只有通过检查，确认行李不存在问题时，他们才会放你通行。有时候，你需要为你带的一些行李缴纳关税。

🔴 海鸥向即将靠岸的轮船飞去

西班牙城堡

■西班牙：塞维利亚/马德里

当我还是个小孩子时，我时常幻想自己成了一个大富翁，拥有很多很多钱，住在漂亮的大房子里。这个房子里要有一间健身房，还要有一间地下室作为宠物房。客厅里要摆满从世界各地搜罗来的奇珍异宝，餐厅里还要装上一个苏打水喷泉。每当我这样幻想时，妈妈就会笑着说这是"西班牙城堡"，我问她："什么是西班牙城堡？"她就会回答："你能想到的最漂亮、最好的房子，就是西班牙城堡。"

后来，我才知道世界上真有一个叫西班牙的地方，那里就有好多城堡。

在地图上，欧洲大陆就像一块错综复杂的拼图。如果把欧洲地图顺时针转90度，你就会看到它变成了一个矮个子老太太，大大的头、驼驼的背，还伸出一条腿，好像正在踢球似的。这个老太太由好几个国家组成，她的头是西班牙，帽子是葡萄牙，领子是比利牛斯山脉，领子下面是法国，她的腿就是意大利。

西班牙在地图上是欧洲的"头"，而它在历史上也确实做过欧洲的"头领"。那时候，西班牙占据着欧洲大部分的地区。哥伦布发现美洲大陆后，西班牙还一跃成为整个世界的"头领"。当时，西班牙不仅占领了北美洲的大片土地，还占领了除巴西以外的整个南美洲，是世界上最强大的国家。现在呢，西班牙只剩下"老太太"的头了，而且还不是完整的头。从地图上看，西班牙和非洲好像在行"碰鼻礼"似的，就是两个人见面之后碰碰鼻子的那种礼仪。不过，西班牙的"鼻子"现在属于英国，叫作"直布罗陀"。

如果你坐船从地中海出发，途经直布罗陀时，你会发现到处都是高耸入云的岩壁。直布罗陀与非洲之间隔着一条著名的海峡——直布罗陀海峡。海峡不宽，但水流十分湍急，有人历经多年才成功横渡。直布罗陀海峡的岩壁上有许多英国人修建的防御工事，看起来就像带有窗户的小房间，这些窗户上架着远程机枪。战争时期，如果有敌人进犯，英国士兵就会开枪将敌人击毙。

很久之前，地中海地区的人们一直以为，眼前的这片大海就是整个世界，他们并不知道大海以外的世界是什么样的。当时，船员们不敢把船从直布罗陀海峡驶入大洋，甚至在海峡旁边立了一些柱子，并在柱子上挂着"禁止穿越"的警示牌，来提醒那些船只。人们给这些柱子起名为"海格力斯之柱"。人们为什么害怕呢？是因为他们觉得越过海格力斯之柱，就会到达世界的尽头，船行驶到那里就会跌入万丈深渊。但是，哥伦布才不相信这种鬼话，他召集了水手之后，就从海格力斯之柱附近的地方出发了，航行了一段时间后，最终到达了美洲大陆。

在哥伦布航海前，西班牙的主要居民是摩尔人。摩尔人从非洲迁徙而来，所以他们与欧洲人不同，他们并不信仰耶稣，而是信仰穆罕默德，安拉是他们信仰的神。摩尔人十分擅长建筑，他们建造了许多漂亮的宫殿，其中有一座非常有名的宫殿，叫作"阿尔汉布拉宫"。它位于格拉纳达城的山上，离直布罗陀很近。摩尔人的王子就生活在阿尔汉布拉宫里面。

在西班牙，摩尔人一直受到当地基督教徒的排斥，所以他们之间经常打仗。最后的结局是，摩尔人被赶回了非洲，阿尔汉布拉宫落到了西班牙人的手里。当初，哥伦布正准备去寻找新

直布罗陀岩石

大陆时，西班牙女王接见了他，地点就在阿尔汉布拉宫。

许多年后的今天，阿尔汉布拉宫依然屹立在格拉纳达城的山上，西班牙人完好地保留着它原来的风貌，并将它对外开放，供游客参观。当初建造阿尔汉布拉宫时，摩尔人用彩色的瓷砖代替油漆和涂料，一点一点地贴在宫殿墙壁上。宫殿大门的形状也建造成马蹄的样子，而不是常见的方形。庭院中还建有华丽的喷泉和浴池，以供摩尔公主沐浴。

西班牙还有一座城市，叫塞维利亚，那里有一座世界著名的教堂，也是世界第三大教堂。当摩尔人被赶出西班牙后，西班牙人便在这里建造了这座教堂。据说，哥伦布的骨灰就葬在这里。但我之前就讲过，那个是不是真正的哥伦布的骨灰还有争议。哥伦布的骨灰可能还在遥远的海地呢。

以前，摩尔妇女必须用面纱遮住脸部才能出门。因为，在摩尔人看来，妇女不戴面纱而出现在公共场合，是不道德、不端庄的。现在，西班牙妇女也会戴面纱出门，不过不是出于道德，而是为了美丽。她们把面纱当作饰品戴在帽子上，看上去非常漂亮。另外，她们还会把梳子别在自己的头上，身上披着艳丽多彩的丝绸披肩。到了夏天，她们的手里还会拿上一把小扇子。

夏天，塞维利亚的人都尽量待在家里不出门，因为那里的天气实在太炎热了。在美国，小孩子会在中午睡午觉；而在西班牙，大人们通常也睡午觉。在西班牙语中，"午休"这个词有个好听的名字，叫"赛爱斯特"。

小时候，我曾经翻越一个栅栏，跑到一片农田里玩耍。还没等我站稳脚跟，就有一头公牛怒气冲冲地向我飞奔而来，我吓得撒腿就跑，"噌"的一下从栅栏上翻了过去。幸好我反应迅速，不然我一定会被那头公牛顶飞的。从那之后，我总觉得公牛是一种让人既害怕又讨厌的动物。不过，西班牙人可不这么想，他们甚至还

西班牙斗牛

会去观看斗牛比赛呢。

每逢节假日，西班牙人都会约上三五好友，兴高采烈地前往斗牛场观看斗牛比赛。一般的斗牛场都围着一圈栅栏，中间是沙地，栅栏外就是一排又一排的观众席。斗牛场的旁边有一道小门，专门供公牛出入。比赛开始时，那道门就会打开，强壮的公牛会通过那道门冲进斗牛场。参加比赛的斗牛士都配有一件红色的斗篷，他们用手举着斗篷，不停地向公牛抖动。他们为什么要这么做呢？目的主要是为了激怒公牛。公牛被激怒后，就会愤怒地冲向斗牛士。当牛角马上要顶到斗牛士时，斗牛士就会敏捷地躲到一边。公牛的反应可没那么迅速，它们只能眼睁睁看着斗牛士躲开。斗牛士就这样一次次挑衅着公牛，直到他不想再继续时，就会用一把长剑猛地刺向公牛，结束这场比赛。听起来是不是感觉很残忍？不过，在西班牙人眼中，这不仅不残忍，而且是一种乐趣呢。他们认为，反正都是将牛杀死吃掉，在杀死它之前再给人们带来一些欢乐，不是更好吗？

要想成为一名斗牛士可不是一件容易的事。首先，你要拥有过人的胆量，敢于面对那些愤怒的公牛；其次，你还要拥有非常娴熟的斗牛技巧；最后，还有非常重要的一点：千万不能在沙地上滑倒！如果不小心滑倒在沙地上，你就很有可能无法避开那些公牛，因而死在公牛角下。在美国，人人都热爱打棒球，几乎每个城镇都建有棒球场；而在西班牙，你也几乎可以在每个城镇看到斗牛场，因为西班牙人都很热衷于斗牛比赛。当西班牙人还是小男孩的时候，他们就很喜欢玩斗牛的游戏，不过斗的可不是真牛，而是由人扮演的公牛，另外那个人则扮演斗牛士的角色。

一般来说，每个国家的人都会有自己特别喜欢的文体项目。比如，西班牙的女孩就对跳绳没什么兴趣，而是钟情于跳舞。即使没有音乐也没关系，她们会在手里拿着一个"响板"，一边击打着响板，一边跳舞。那种响板看起来有点像大号的栗子。有时候，她们也会一边唱歌一边跳舞。西班牙女孩跳舞的场地并不固定，比如街边、公园、广场……你会在各种不同的地方看到她们翩翩起舞的身影。这就像我们国家的小孩子玩跳绳或"跳房子"似的，在任何地方都可以进行。你甚至无法想象，就算是在塞维利亚大教堂这样神圣的地方，也能看到人们载歌载舞的身影。每当宗教节日来临之际，在塞维利亚大教堂的圣坛前，就有许多唱诗班的孩子一边打着响板一边跳舞。全世界敢在教堂前面跳舞的，大概也只有西班牙人了吧！

西班牙的房子建得也很有特点，既没有前院，也没有后院，更没有旁边的院子。他们把院子设在中间，用一圈房子围起来，布局有点像中国的"四合院"。西班牙人把这种院子称为"天井"，他们在这里吃饭、聊天、会客。

在西班牙的火车上，如果你往窗外望去，很可能会看到一种奇怪的树，在美国可找不到它的身影，它就是塞子木。你该不会以为我们平时用的塞子就是这种树结出来的果实吧？那可就大错特错了，它们其实是用这种树的树皮做成

西班牙女孩一边打响板，一边翩翩起舞

的。人们把树皮从树上成片成片地剥下来，做成各式各样的塞子。你不用担心这些树被剥皮之后会死掉，它们还会再长出新的树皮。不过再次剥取树皮需要等上9年的时间，等到树皮长到合适的厚度，才能用来做塞子。所以，你家里的那些塞子可能比你的年龄还要大呢。

一般来说，塞子木的寿命比人类还要长，在树木中算是一种很长寿的树。但在西班牙，还有一种比塞子木更长寿的树，那就是橄榄树，据说它能够存活1000年。橄榄是橄榄树的果实，它长得和未成熟的樱桃很像。在很久很久之前，橄榄就已经被人们当作食物了。但是最开始，大多数人不愿接受橄榄的味道，到后来才慢慢喜欢上它。你知道橄榄还能做什么吗？橄榄还能榨成橄榄油，这种橄榄油比任何油都好吃，尤其适合拌在沙拉里面，味道真是好极了。在西班牙，人们主要的食用油并非黄油，而是橄榄油。除了制成橄榄油外，橄榄还可以作为生产肥皂的原料。西班牙有一种非常有名的肥皂，叫"卡斯蒂利亚香皂"，就是用橄榄制成的。或许你也用过这种香皂哦！

在古代，人们会把橄榄枝编织成花环，只有在比赛中获得胜利的冠军才有资格戴上它。另外，橄榄枝还象征着和平。在战争年代，传递和平信息的使者就会随身携带一株橄榄枝。

在西班牙的一些地区，即使你坐了整整一天的火车，透过窗户你也只会看到同一种树木，那就是橄榄树。你可能会觉得很奇怪，为什么西班牙会有这么多橄榄树？这些橄榄树到底有什么用？对于西班牙人来说，这些橄榄树非常重要，就像我们的生活不能没有面包、黄油、肉和蔬菜一样，西班牙人的生活也离不开橄榄。西班牙的橄榄以及橄榄制品不仅供本国使用，还销往世界各国。

巴黎被认为是全球最漂亮的城市。通常人们觉得某座城市漂亮，就会说它像巴黎一样，这应该是非常高的赞誉了。在西班牙就有这样一座像巴黎一样漂亮的城市，它就是西班牙的首都——马德里，它位于整个国家的中心地区。很早以前的马德里街道狭窄，房屋矮小；现如今的马德里有宽阔平坦的林荫大道，还有宏伟漂亮的房屋。当你漫步在马德里的街头巷尾时，要不是听到周围人都在讲西班牙语，你一定还以为自己正走在巴黎或纽约的街头呢。

以前，西班牙人做事总是拖拖拉拉的，十分懒散，经常把"明天吧，明天吧"这句话放在嘴边。但是现在，西班牙人改变了这种习惯，今天的事绝不会留到明天做。在西班牙人看来，"美洲"就是"南美洲"，所以，如果你对西班牙人说你是美洲人，他们就会认为你是南美洲人。许多西班牙人跑到南美洲寻找发财的机会，但他们挣了钱之后都会回到马德里，因为对于他们来说，马德里的房子才是真正的"西班牙城堡"。

两个各自成家的兄弟住在一起，有时候会闹一些矛盾。如果分开住，关系可能会更好一些。西班牙和葡萄牙这两个国家，无论是语言还是生活习惯都十分相似，就像一对亲兄弟一样。他们曾经试图联合起来，但总是会出现一些问题，所以还是决定各自发展。这两个国家的人们都爱好唱歌跳舞，都种植塞子木和橄榄树，也都热衷于斗牛。不同的是，葡萄牙人不会像西班牙人那样把牛杀死，他们会把牛角裹起来，防止斗牛士受伤。

一只大皮靴

■ 意大利：威尼斯

不知道你是否听过这样一句话：有位老太太，住在鞋子里，孩子生一堆，鞋子挤又挤，不知怎么办，头疼又着急。事实上，在欧洲还真有这么一个像"靴子"的国家，它就是意大利。为什么说意大利像靴子呢？你看看地图就明白了，地图上的意大利像不像一只大皮靴呢？这只"靴子"就像那句话里说的一样，已经装不下那么多人了，所以有好多意大利人就跑到了美洲。第一个跑到美洲的人你一定不陌生，没错，他就是哥伦布。看到这里你肯定会问我："你不是说哥伦布是从西班牙出发的吗？怎么现在又说是意大利人了呢？"那是因为哥伦布其实出生在意大利。哥伦布居住的那座城市就在"靴子"的顶部，叫作热那亚。现在，你还能在那里看到哥伦布的故居，以及矗立在热那亚火车站外的哥伦布雕像。如今，船只也经常会从热那亚驶往美洲大陆，船员们对这条路线早已烂熟于心。但在很久之前，哥伦布可是一点一点摸索才找到它的。

除了热那亚，"靴子"顶部还有一座城市。这座城市既不是建在水边，也不是建在水上，而是建在水中，准确地说是建在了许多小岛上。城市里有许许多多大小不一的桥，桥下面的水则是城市的街道。这座城市太有名了，你一定已经猜到了，它就是威尼斯。在那里，街道就是运河，最宽的那条"街道"就叫作"大运河"。威尼斯人出行不是坐汽车，也不是坐马车，而是坐船。不过，威尼斯的船还真有些像汽车呢。它的船身被漆成黑色，中间有个小船舱，船头上还装着一个奇怪的东西，好像一把大梳子。这种船叫作"贡多拉"，你只能在意大利见到它。船夫们一般站在船舱后面，用一支船桨划动着船，当行驶到十字路口时，船夫就会喊一声"嗬"，如果正巧有其他船从别的方向驶来，那条船的船夫也会喊一声"嗬"来回应对方。虽然听起来有点好笑，但这样做能避免两艘船撞到一起，因为在威尼斯，"街道"的十字路口并没有交通指示牌。船只没有喇叭，不会发出刺耳的"嘀嘀"声；没有轱辘，不会发出恼人的"呜呜"声。因此，威尼斯是一座既漂亮又宁静的城市。

很久之前，这里还只是一些大大小小的岛屿，还没有出现威尼斯这座城市。后来，一个叫作威尼西亚的民族迁移到了这里。他们来自北方，之所以来到这里，是因为要躲避北方野蛮部落的侵扰。到这里后，威尼西亚族人开始建造房子，他们先把雪松木制作成柱子，然后把这些柱子固定在水中，最后在这些柱子上建房屋。因为雪松木具有极高的耐腐性，所以即使这些柱子整天泡在水里，也依然很安全。"靠山吃山，靠水吃水"，威尼西亚族人的主要食物是鱼类，他们每天都能轻而易举地捕获大量的鱼。这些鱼吃不完，他们就用从海水中提取的盐将鱼腌制起来，这样鱼就能保存很长时间。

因为长期居住在水上，威尼西亚族人练就了游泳的本领，而且个个都是出色的水手。他们用船将那些腌制的鱼以及海盐卖到地中海的各个地方，再换回漂亮的丝绸长袍、毛毯和珠宝。他们换回来的这些东西，也受到了欧洲其他地区人们的喜爱。于是，那些人就来到威尼斯购买这些好东西。久而久之，威尼斯就成了欧洲最著名、最大的购物天堂。自从威尼斯城建立后，威尼西亚族人就被叫作威尼斯人。再后来，威尼斯人挣的钱越来越多，他们就用这些钱在运河边上建造了许多华丽的宫殿。圣马可是威尼斯的一位圣人，也是威尼斯人的信仰，人们都认为是他把好运带给了威尼斯。为了纪念他，人们建造了一座十分宏伟的教堂，还在里面设置了一个圣坛，圣坛下就埋葬着圣马可的遗骨。圣马可大教堂与许多教堂都不一样，它拥有五个圆形的屋顶，中间的屋顶最大，其他四个则比较小。这五个圆顶跟圣保罗大教堂以及美国国会大厦的圆顶都不一样。

通常那些色彩鲜艳的画都是由颜料画成的，但是你见过不用颜料画成的色彩鲜艳的画吗？在圣马可大教堂里就有成百上千幅这样的画。它们没有用到任何颜料，而是用彩色的石头、金子和彩色玻璃一点点贴出来的。这种画叫作"马赛克"，它并不会像颜料画那样随着时间的推移而褪色脱落。

如果让你养一只宠物，你会养什么？小狗还是小猫？你听说过有人把狮子当宠物饲养吗？在威尼斯，人们都认为圣马可的宠物就是一头狮子。因此，人们在建造圣马可大教堂时，就把一座长翅膀的狮子雕像放到了教堂前的圆柱上。教堂的门前还有四座耶稣在世时制作的铜马，它们曾随着统治者的不断更替而被搬来搬去，直到迁居威尼斯才安定下来。

威尼斯最大的一片空地，非圣马可大教堂前的广场莫属。在广场上，你能看到成群的鸽子，它们性格温顺，一点也不害怕人类，甚至还会飞落在你的肩膀上或手上，让你喂它们点吃的。在威尼斯，还流传着一个关于鸽子的传说：很久以前，一只鸽子为威尼斯带来了战争情报，使这座城市躲过了敌人的袭击。从此以后，任何一只鸽子都会受到威尼斯人的善待。如果你在威尼斯伤害了一只鸽子，就等于犯了罪，轻则被警察拘捕，重则被判刑。你知道"美洲大陆其实是一只鸽子发现的"这个说法吗？这并不是胡说，而是有根据的——在意大利语中，"哥伦布"就是"鸽子"的意思。

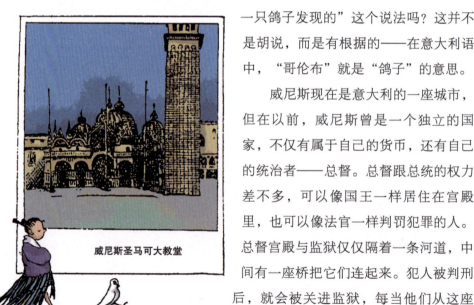

威尼斯圣马可大教堂

威尼斯现在是意大利的一座城市，但在以前，威尼斯曾是一个独立的国家，不仅有属于自己的货币，还有自己的统治者——总督。总督跟总统的权力差不多，可以像国王一样居住在宫殿里，也可以像法官一样判罚犯罪的人。总督宫殿与监狱仅仅隔着一条河道，中间有一座桥把它们连起来。犯人被判刑后，就会被关进监狱，每当他们从这座桥上走过的时候，他们就会连连叹息，后来，这座桥就得名"叹息桥"。

　　威尼斯还有一座桥，它的两旁商铺林立，这座桥就是里亚尔托桥。如果说威尼斯是欧洲的购物中心，那么里亚尔托桥一带就是购物中心的百货大楼，那里可谓应有尽有。英国著名作家威廉·莎士比亚的戏剧作品《威尼斯商人》中，有一个人物就在里亚尔托桥旁开了店铺。

威尼斯的贡多拉

　　刚开始，威尼斯人以卖鱼和盐谋生，也正是这两样东西给威尼斯人创造了不少财富。其实，威尼斯人还有第三样发财致富的法宝，那就是最普通、最平常的沙子。看起来沙子似乎没什么可以利用的价值，但威尼斯人发现当地的沙子熔化后能够制成玻璃，而且熔化后的玻璃还能吹成许多不同的形状。于是，人们就制造出了各式各样的瓶子、珠子等。那些吹玻璃的工匠也像画家和音乐家一样，有机会成为鼎鼎有名的艺术家，受到大家的追捧并赚到很多钱。在威尼斯，著名的吹玻璃工匠拥有很高的地位，不但有一位总督当过吹玻璃工匠，还有不少吹玻璃工匠的女儿嫁给王子了呢。

圣马可广场的翼狮

　　威尼斯是意大利的标志性城市之一，每年这里都会迎来许多来自世界各地的游客。在这里，人们参观圣马可大教堂以及总督府，享受丽都海滩的日光浴，乘坐着贡多拉游览威尼斯的大街小巷。来威尼斯度蜜月几乎是每个女孩的愿望。

叹息桥

　　意大利这只"大皮靴"安静地躺在地中海上，顶部的威尼斯与亚得里亚海相接。美丽的威尼斯被人们唤作"亚得里亚海女王"，并以鱼、盐、沙子和船闻名全球。

"含苞待放"的城市

■ 意大利：佛罗伦萨

也许某天比萨斜塔真的会倒下来

如果你从地图上看，就会发现意大利被一条从南到北的山脉贯穿着，就像海怪的脊背一样。这条山脉就是亚平宁山脉。如果你想在意大利的东部和西部之间穿行，就必须经过亚平宁山脉。不过不用担心，你只需要乘坐火车就可以了，因为人们在亚平宁山脉中挖了很多条隧道。如果你要从威尼斯出发前往佛罗伦萨，中途要穿过45条隧道。

你知道吗，"佛罗伦萨"其实是"含苞待放"的意思，所以如果给女孩起名，就可以叫佛罗伦萨。当火车驶入佛罗伦萨地区时，你可以透过窗户看向外面那些建筑的屋顶。在市中心，有一座建筑的屋顶一定能让你眼前一亮。那是一个巨大的圆形屋顶，看起来就像一个火车的轮轴，圆顶旁边还耸立着一座高大的方形塔楼。据说在哥伦布未出世时，这个圆顶和塔楼就已经在这里了。这个圆顶与圣保罗大教堂的圆顶十分相似，但它的历史更悠久一些，所以我们应该说"圣保罗大教堂的圆顶与这个圆顶十分相似"。实际上，我们可以说圣保罗大教堂的圆顶、美国国会大厦的圆顶，以及全世界很多建筑的圆顶都是仿照它建造的。

在此之前，人们建造的圆顶都是又小又平的。后来，佛罗伦萨人准备建造大教堂时，就想把这个大教堂的屋顶建成一个与众不同的圆顶——一个比任何圆顶都要大、都要好看的圆顶。而且，他们还不希望别人知道它是如何建出来的。通常，人们会用石头作为建造圆顶的材料，圆顶下面没有任何支柱，有点像拱桥和拱门。水泥并不能将石块很好地固定住，所以人们想出了一个好办法：他们先把石块放在一个木头架子上，等所有的石头都放好后，再把这个木头架子挪走。因为这些石头码放得很整齐，严丝合缝，所以并不会掉落下来。如果你还是不太清楚，我可以给你打个比方：这就好像在放学时，全班同学都想同时从大门往外挤出去，结果大家都挤在一起，谁也出不去。

佛罗伦萨大教堂的圆顶建好后，每个人都惊叹于此，他们无论如何也想象不到这样一个巨大的圆顶究竟是怎样建成的。如果要用我刚才所说的木头架子的话，那得需要多少树木啊！估计要砍掉一整片森林，才能做出那样的木头架子吧。所以在当时，并没有人知道该如何建造这样一个巨大的圆顶。有人想过一个奇怪的办法：先用土堆一个高高的小山，在里面埋很多很多的硬币，再把圆顶建在小土山的上面，等到建好之后，就让人们去挖里面的硬币，他们想要多少都可以，等到硬币都被他们挖走的时候，就只剩下一个圆顶了。不过这个办法太不切实际，因此也就没有尝试了。

之后，又有两位艺术家都说自己知道建造圆顶的办法，其中一位叫布鲁内莱斯基，我们就称他为"布先生"；另一位叫吉贝尔蒂，我们称他为"吉先生"。这两位艺术家一直以来都在相互较着劲，所以他们这次也不会把自己所掌握的建造圆顶的方法告诉对方。后来，布先生接到了建造圆顶的任务，而吉先生只能充当他的助手。吉先生对此十分不满，总是跟别人说布先生并不知道如何建造这个圆顶，他根本造不出这个圆顶。

面对吉先生的无理取闹，布先生最初并不理会，他一心一意地与工人们进行着工作。时间过得很快，转眼间圆顶就要建成了，但是在这期间，吉先生一直在诽谤、嘲笑布先

佛罗伦萨大教堂

生。就在工程进行到最艰难、最重要的部分，也就是要把圆顶的中间部分合拢时，布先生实在忍受不了吉先生的所作所为，一气之下不干了，假装生病待在家里。布先生不在，整个工程也只能暂停下来。于是，吉先生又开始对别人说布先生的坏话："他根本就是在装病，就像小孩子不想上学就撒谎说自己生病了一样，他其实就是不知道下面该怎样进行了。"听了吉先生的话，佛罗伦萨的人们就来到布先生家，恳求他继续把圆顶完成。

"不好意思，我生病了，"布先生说，"你们请吉先生来做吧，他不是说只有他才能建成这个圆顶吗？"

于是，人们只好又找到吉先生，邀请他继续完成这项工程。吉先生欣然接受了人们的邀请，但是才做了一点点，就进行不下去了。

没办法，人们再次来到布先生家请求布先生。布先生提出了他的要求："如果你们能让吉先生闭上嘴，不再喋喋不休，我就愿意继续把工程做完。"在人们的监督下，吉先生停止了对布先生的诽谤。就这样，布先生又继续工作了。没过多久，他就完成了世界上第一个这样大的圆形屋顶，也是最漂亮的一个。不过迄今为止，依然没有人知道这个圆顶是怎样建成的。

虽然在这次圆顶建造比赛中，吉先生表现得差强人意，但他的确是一位出色的雕塑家。佛罗伦萨还有一座知名的洗礼堂，叫佛罗伦萨洗礼堂，就是位于佛罗伦萨大教堂对面的那座矮小的六面建筑。这座建筑的门是由青铜制作的，上面雕刻着许多栩栩如生的人物和场景，都是出自《圣经》的故事。不用我说，你可能已经猜到了，这些雕刻作品

佛罗伦萨的维琪奥桥

🔴 这座古老的桥的两旁遍布出售各种纪念品的商店

就出自吉先生之手。

"太美啦！天堂中的门应该就是这样的吧！"佛罗伦萨另一位艺术家看见这些门时曾忍不住发出惊叹，他就是鼎鼎大名的艺术家米开朗琪罗。米开朗琪罗和哥伦布是同时代的人，并且都生活在意大利。但哥伦布人生中的大部分时间都用在了航海事业上，待在意大利的时间很少。而米开朗琪罗则不同，他一辈子都在意大利度过，创作无数，包括素描、油画、雕塑和建筑等。在那个时代，几乎每个艺术家都擅长多种艺术形式，小到项链这样的小饰品，大到雕塑、建筑。

一天，米开朗琪罗在路上捡到了一块有裂缝的大理石。回家之后，米开朗琪罗仔细地端详了一下这块大理石，便悉心雕刻起来。历时3年，他完成了著名的雕塑——《大卫》。后来，人们制作出许多《大卫》的仿制品，佛罗伦萨就有两座，这两座雕塑比真人还高出许多倍呢！现在，在世界各地几乎都能见到《大卫》的仿制品，如果你喜欢它，也可以买一座放在家里。

佛罗伦萨并不像威尼斯一样拥有许多河流，它只有一条河流，叫阿尔诺河。河上建造了许多座桥，其中有一座叫作"维琪奥桥"，意思是"古老的桥"。维琪奥桥的两旁有许多店铺，这点和威尼斯的里亚尔托桥一样。这些店铺主要出售一些由银子、皮革、龟壳、马赛克制成的工艺品。

世界上的塔通常是笔直的，但是在离佛罗伦萨不远的比萨，有一座倾斜的塔，就算你没有亲眼见过，也一定听说过，它就是著名的比萨斜塔。其实，这座塔在刚建成时确实是笔直的，只是后来塔基的一边开始塌陷，塔身也随之慢慢倾斜，看上去就像要倒下来一样。迄今为止，比萨斜塔已经倾斜了几百年，并且一直没有停止倾斜，照这样下去，或许有一天比萨斜塔真的会倒下来。

还记得我之前讲过海洋动物的骨骼可以变成大理石吗？大理石的质地也有粗糙与光滑之分。比萨附近有一处采石场，这里能开采出光滑细致的大理石，叫"卡拉拉大理石"，是根据产地命名的。从耶稣时代起，人们就开始在这里开采大理石了，其他国家的人也会来此选购优质的大理石。

音乐、童话与战争

■ 德国

除意大利人喜欢音乐之外，德国人也对音乐格外钟情。虽然都热爱音乐，但这两个国家的音乐风格却有着明显的差别。德国的音乐响亮，听众仿佛身临战场一般。当然，其中也有不少温柔舒缓的曲子。许多知名的摇篮曲和圣诞颂歌都是由德国音乐家创作的。你知道歌剧吗？就是用音乐将戏剧表现出来的艺术形式。一些举世闻名的歌剧也出自德国人之手。

我们很难将摇篮曲和圣诞颂歌与战争联系起来，但德国人除了喜爱音乐之外，还非常好战。你知道第一次世界大战和第二次世界大战吗？在那两次战争中，世界上大部分国家都参与了，而德国几乎成了世界公敌，还差一点赢得了战争的胜利。

德国在第二次世界大战之后，被分成了东德和西德两个部分。东德被苏联控制，西德则被美国、英国、法国共同控制。再后来，东德和西德又统一起来，形成了德意志联邦共和国。

真实的故事与童话故事相比，你更喜欢哪个呢？德国作家创作了许多世界著名的童话故事。除此之外，他们还创作了许多不同形式的艺术作品，比如故事、诗歌、歌曲以及歌剧，这些作品都与莱茵河有着密切的关系。莱茵河起源于阿尔卑斯山北麓，向北流经德国，然后经由荷兰鹿特丹注入北海。

莱茵河的两岸都是陡峭的山壁，山上曾经有许多古老的城堡。这些城堡里住着的都是强盗贵族。他们之所以选择在这里建造城堡，一是为了抵抗别人的侵犯，二是为了抢夺他人的钱财。这些强盗经常下山抢劫，但山下的人却无法攻入这些坚固的城堡。如今，这些城堡早已变为废墟。

古龙香水是一种气味浓烈的香水，它还有另外一个名字，叫科隆香水。科隆是一座城市，它依莱茵河畔而建。"科隆"的意思是"殖民地"，因为它在很多年前曾是罗马的殖民地。我们所知道的那座科隆大教堂就在这座城里。我现在住的房子是花了7个月的时间建成的，而科隆大教堂却是花了将近700年才建好的，它是目前为止世界上建造耗时最长的一座建筑。

说到德国最著名的城市，那一定非柏林莫属。在第二次世界大战之前，柏林是全世界最漂亮、最干净的城市之一。那里的街道宽敞整洁，建筑雄伟壮观，公园风景亮丽。但是那次战争却把这座城市变成了废墟。柏林虽然位于被苏联统治的东德地区，却由英国、法国、美国和苏联四个国家同时管理。"二战"时，苏联与美国同属同盟国，但是在战争结束之后，两国的关系并不融洽。苏联甚至全面封锁了英、法、美盟军出入西柏林在东德领土的公路和铁路。因此，这些国家只能调用运输机运输食物和煤炭，以满足在西柏林的人们的生活需要。在那段时间里，所有的物资都是从空中运送的，所以那段时间的空运被人们称为"柏林空运"。

从地图上你会发现，德国的北面有一块伸出来的地方，像一根大拇指似的。实际上，那个地方并不属于德国，而是一个叫作丹麦的国家。这个国家与德国一样，也与北海和波罗的海相邻，所以要想从与北海交界的德国城市到达与波罗的海交界的德国城市，就必须绕过丹麦，非常麻烦。于是，德国人就开凿了一条基尔运河，把"大拇指"从根部切断了。

● 德国作家创作了许多世界著名的童话故事，这也促进了玩具产业的发展

大张的鲸口

■ 挪威/瑞典

你喜欢幻想吗？你的想象力丰富吗？抬头看看天上的白云，你觉得它们像什么呢？像高大魁梧的巨人吗？像飞快奔跑的马儿吗？像活泼可爱的小兔子吗？如果你有丰富的想象力的话，再来看看下一页的地图吧，你觉得它像什么呢？

怎么样，你能看到什么？是不是一条张开大嘴的鲸呢？小小的丹麦看上去就像这条鲸嘴边的食物，差一点就被吞下去了呢。"鲸"的喉咙就是由斯卡格拉克海峡与卡特加特海峡共同组成的。

实际上，这条"鲸"就是斯堪的纳维亚半岛，而挪威是这条"鲸"的"脊背"，瑞典是这条"鲸"的"肚子"。这个半岛就是由挪威和瑞典这两个国家组成的。

人们之所以把这里与鲸联想到一起，除了它外形很像鲸的缘故外，也与挪威有一定的关系，因为挪威附近的海域里生活着许多鲸。你知道鲸吗？虽然有人叫它"鲸鱼"，但它们并不是鱼类。与鸡鸭一样，鱼类也是通过下蛋来产宝宝的，只不过鱼的蛋要更小一些，叫作"卵"。鲸并不下蛋，它与猫咪一样，是直接生宝宝的。并且，鲸也像人类一样通过肺来呼吸，所以人们总能看见鲸浮上水面来呼吸。鲸与我们一样，都是哺乳动物。

你知道大多数鲸最爱的食物是什么吗？是鲱鱼。鲱鱼是一种非常小的鱼，喜欢成群结队地生活，因此鲸总是张开大嘴，然后连同海水一起吞下成千上万条鲱鱼。我们无须担心鲸会把海里的鲱鱼全都吃光，因为鲱鱼群的数量相当庞大。鲱鱼不仅是鲸的食物，也是我们人类的食物。挪威人每天都会捕捉大量的鲱鱼，被捉到的鲱鱼要用盐腌制，再晒干或是用烟熏干，这样就能保存很长时间了。这些腌制好的鱼干会被送往世界各地，说不定我今天早

上吃的那条鲱鱼干，就是产自挪威的海域呢。

除了鲱鱼，我今天早上还吃了许多蛋，估计得有上千个吧。你别不相信，我说的可是真的，只不过这"蛋"并不是鸡蛋，而是鲱鱼的蛋。我今天吃的那条鲱鱼干是一条雌鲱鱼，它的肚子里有很多很多的蛋。这些蛋，就是人们所说的"鱼卵"。

挪威的海岸线十分曲折，沿岸还有许多延伸到海里的山脉，这些山脉形成了许多山谷，我们将这种海里的山谷称为峡湾。

挪威的地理位置靠近北极，所以很多人都以为挪威峡湾中的海水会在冬天结冰。事实上，他们都想错了，挪威峡湾中的海水从来不会结冰。是不是很神奇？你知道这是为什么吗？这与墨西哥湾有着很大的关系。这样说你是不是更奇怪了，墨西哥湾与挪威峡湾相距甚远，它们怎么会有关系呢？举个例子吧，假如我家里有一个地窖，地窖里有一个锅炉，当冬天来临时，我就给锅炉里的水加热，管道里的水也会变热，这样一来，即使是离地窖很远的房间，也会变得暖和起来。同理，墨西哥湾其实就是这样一个大锅炉，在太阳的照射下，那里的海水就会变热，并且形成一股暖流，被人们称为"湾流"。湾流会流入大洋，一直从墨西哥湾流入到挪威的峡湾中，所以挪威峡湾里的海水温度也会随之升高。挪威的峡湾中之所以有许多鲱鱼，也是因为那里的水很温暖。如果没有鲸或者捕鱼者的话，那里一定会是鲱鱼的天堂。

挪威有一座城市，叫哈默弗斯特，它是欧洲最北端的海港城市。同时，这里也是墨西哥湾流到达挪威后的目的地。这股湾流历经曲折，一路带来了许多木棍，这些木棍漂在水上，就像一艘艘玩具船一样。停留在岸边的木棍会被挪威人捡走，用来生火。一般的木头燃烧时的火焰是黄色的，但是这种木头在火中燃烧时，会绽放出蓝色、绿色和紫色的火焰。这是因为这些木头长时间浸泡在海水中，里面吸收了许多无机盐。所以，人们在举办篝火晚会的时候，也会用这种木头，因为它可以绽放出非常漂亮的火焰。

你妈妈给你吃过一种叫作"鱼肝油"的东西吗？当我还是个小孩子时，我妈妈总逼我吃鱼肝油，但是我觉得它的味道太奇怪了，并不喜欢吃。实际上，鱼肝油是一种对人体非常有益的食物，而且也不是所有鱼的鱼肝都可以制成鱼肝油。人们是用鳕鱼的肝脏制作鱼肝油的。鳕鱼是一种比鲸小许多、比鲱鱼大许多的鱼类，也是挪威附近的海域中比较常见的鱼类，它们一般会聚集在罗弗敦群岛附近。人们捕捉到鳕鱼后，会从它的肝脏中提取出鱼肝油，然后贩卖到全球各地。之后，他们还会把鳕鱼的骨头剔除掉，将剩下的鱼肉晒成鱼干。

全世界产鱼最多的地方也在挪威，是一个叫作卑尔根的城市，位于挪威的一座峡湾上。因为这座城市，这个海湾被叫作卑尔根峡湾。卑尔根峡湾是一个非常大的产鱼基地，人们在这座峡湾里捕到鱼后，会把鱼送到卑尔根，再用船把鱼送到其他国家。在卑尔根，你能见到许多不同种类的鱼，有大鱼也有小鱼，有黑鱼也有白鱼，有厚厚的鱼也有扁扁的鱼……

捕在北极的美国国旗

除了产鱼量达到了世界之最，卑尔根还有另外一项"欧洲之最"——它是全欧洲最湿润的城市。生活在卑尔根的人们每天都会随身携带雨伞或雨衣出门，因为说不准什么时候天空就会下起雨来。在那里，你几乎很少能见到晴天。不过，虽然雨水多，但那里的降雨量并不大。你知道什么是降雨量吗？降雨量就是积水的深度。下雨时，如果你拿一个桶去接水，需要花很长时间才能接到250毫米深的水。如果下了大雨，路面都是积水，这些积水甚至漫过了你的鞋子，你肯定觉得下了很多的雨吧？其实用桶接的话，雨水还是不足300毫米深。世界上大部分的城市一年的降雨量都很难达到300毫米，但卑尔根一年的平均降雨量却能达到2500毫米！好在这些雨水是分成好多次降下来的，不然的话，卑尔根的人早就被淹没在雨水中了。

在美国，汽车是一个家庭最主要的交通工具。而在挪威，船才是每个家庭必备的交通工具。因此，挪威人也被称为"天生的水手"。

在很久很久以前，挪威人就以航海探险而扬名世界了。其中有一位探险家尤为出名，他就是利夫·埃里克森，而他的父亲就是著名的探险家埃里克。利夫·埃里克森生活在距今1000年以前的时代，我们都知道是哥伦布发现了美洲大陆，但实际上，埃里克森才是第一个登上美洲大陆的欧洲人，他比哥伦布早了整整500年。为什么他没有因此出名，而哥伦布却能享誉全球呢？这是因为埃里克森对发现新大陆并不感兴趣，回到挪威之后他也没跟别人提起过这件事。直到哥伦布发现了美洲大陆，人们才知道这个新大陆，所以，发现新大陆的美誉也只能归哥伦布所有了。

除了利夫·埃里克森之外，挪威还有很多很多著名的探险家。因为挪威距离北极很近，所以北极就成了挪威探险家们的首选目标。在北极点，你站在原地转上一圈，时间就会过去24小时，这听起来是不是很神奇？北极点对于这些探险家而言，充满了强大的诱惑力，有许多探险家曾尝试去那里一探究竟，但是他们还没有达到北极点，就失去了生命。还有两个著名的探险家——南森和阿姆森，虽然他们没有因此丧命，但也没能成功到达北极点。不过，这些探险家的相继失败，并没有减弱其他探险家对北极点的热情。最终，一位来自美国的探险家皮尔里成功了，他成了第一个抵达北极点的人。后来，阿姆森也成功抵达了南极点。在那之后，人们还尝试乘坐飞机飞过北极点，但却没有在那里停留。阿姆森也曾驾驶飞机准备飞向北极点，但他出发后就再也没有回来，从此音讯全无。

　　冬天下雪时，我们总会穿着套鞋出门，但是挪威人和瑞典人却是穿着木质的滑雪板出门的。他们将长长的滑雪板绑在鞋底上，双手各拿一根滑雪棍，就像滑雪橇一样在雪地上滑行。

　　你见过白色的煤炭吗？估计没有吧，但是在挪威和瑞典确实有这种稀奇的东西。你肯定会觉得难以相信，我们见到的煤炭通常都是黑色的，怎么会有白色的煤炭呢？这就不得不提到这两个国家的山脉了。挪威和瑞典的山脉上都覆盖着厚厚的冰雪，一旦这些冰雪融化，水就会从山坡上缓缓流下，从而形成许多瀑布。这些瀑布下面放着轮子一样的装置，当水流到轮子上时，就会推动轮子转动，给机器提供动力，起到煤炭的作用。挪威和瑞典并没有真正的煤炭，所谓的"白色的煤炭"，实际上就是指那些冰雪融化后形成的瀑布。

　　白色煤炭与黑色煤炭都是能源，却有很大的差别。白色煤炭并不能产生热量。瑞典北部有丰富的铁矿资源，但瑞典并没有煤矿，所以无法将铁从铁矿石中提炼出来。瑞典只好将这些铁矿出口到煤炭资源丰富的英国去。

🟠 挪威人穿着滑雪板从高高的雪山上滑下来

日不落之地

■ 北极

你 读过《爱丽丝梦游仙境》这本童话书吗？我记得书里的《海象与木匠》这个故事的开头是这样写的：

"金灿灿的阳光洒在海面上，

海面银光闪闪，

……

说起来这可真奇怪，

现在正是午夜时光。"

在夜晚看到太阳，这是不是挺可笑的？你肯定认为这种事情只能出现在童话故事里吧？但是我要告诉你，这件情况在现实生活中也会发生。

如果你想在夜晚看到太阳，那就要到挪威和瑞典的北部地区去。挪威的最北端有一块巨大的岩石，它一直延伸到北冰洋上，人们给它取名叫作"北角"。北角这个地方并没有人居住，却吸引了许多游客来这里观看夜晚出现太阳的奇妙景观。

太阳从东方升起，从西方落下，这是我们每个人都知道的常识，因为在我们居住的地方，就是这样的情况。但是在挪威和瑞典的北部，这个常识被打破了，那里的人们能看到我们见不到的场景。在那里，有半年的时间，太阳会一直挂在空中，并不会落下，即使离地平线很近很近，也绝对不会落下来。在这半年的时间里，每天都是白天，没有夜晚。6个月过去之后，太阳才终于落下

北极的极夜现象十分壮观

去，而在接下来这半年的时间里，太阳是不会出现的。也就是说，人们又要过上整整半年没有白天的日子，每天都是夜晚。

你是不是并不相信？在我们这里，太阳每天照常升起和落下，难道我们与那里的人看到的并不是同一个太阳吗？

当然是同一个太阳啦，因为世界上只有一个太阳。我们之所以能看到昼夜交替的现象，是因为地球在旋转。我们住在地球的一端，当太阳照射在地球的另一端时，那里就是白天，而我们这里则进入了黑夜。但是如果我们能够爬到地球的顶点——北极点，就可以看到太阳了。打个比方吧，假如你和你的朋友分别住在山的两边，他翻过山来找你，你可以在自己的家门前看到他走下山，也可以看到他走上山。但是如果他翻过山顶，走到了山的另一边，你就不能看到他了。太阳的运动也是一样的道理。

人们常常将北极称为"午夜太阳的土地"，因为这里有半年的时间，太阳会留在空中不落下。同样，北极也可以称为"正午黑暗的土地"，因为这里有半年的时间，每天都是黑夜。

在北极，生活着一种叫作驯鹿的动物，相传圣诞老人也居住在那片极为寒冷的地带。那里到处都是冰天雪地，苔藓是那里唯一生存着的植物，而驯鹿就是依靠苔藓为生。另外，北极还居住着拉普人，从外表上看，他们和因纽特人长得差不多，与中国人十分相似。而且，我也一直认为他们有着共同的祖先，那就是中国人。拉普人饲养驯鹿，并且把它养在了自己的屋子里。他们把驯鹿当作马来运输东西，还把驯鹿当作牛来产奶，除此之外，驯鹿的肉可以供人食用，皮毛还可以制作衣服和帐篷。

大部分的挪威人和瑞典人长得与我们美国人很相似，不过我觉得他们中的一些人比我们更加聪明，他们接受过更好的教育。在我认识的人中，就有这样一个人，他来自瑞典，会说十二种语言。我还认识一个人，他十分爱好发明，曾经发明出一种好方法，可以让牛奶与牛油分离，而不经过脱脂。另外，还有两个小男孩，他们发明出了一种神奇的机器，可以用热量制造出冰块。

在很久以前，挪威和瑞典曾经是一个国家，也就是说，他们拥有一位共同的国王。后来它们才分裂成了两个独立的国家，拥有各自的首都和政权。

当我爸爸还是个小学生的时候，他所学的地理和我们现在是有一些差别的。比如在那个时候，挪威的首都叫作克里斯蒂安尼亚，而现在挪威的首都叫奥斯陆。其实，挪威的首都并没有改变位置，只是改了个名字而已。瑞典的首都是斯德哥尔摩。奥斯陆与斯德哥尔摩都是建在海上的城市，不过它们周围的海域并没有被墨西哥湾流所影响，冬季到来时，海港的海水就会结冰，船只也无法通行了。斯德哥尔摩也是一个拥有众多运河的城市，因此，它又被人们称为"北方的威尼斯"。

在美国，"玛丽"和"约翰"这两个名字十分常见。在斯堪的纳维亚，人们也会常常使用某几个名字，比如"奥尔""汉斯"，又或者是"埃里克""彼得"，等等。美国人有一个特殊的习惯，就是在名字后面加上一个"逊"字，来构成一个新名字，比如"约翰"后面加上"逊"字，变成"约

拉普人会饲养驯鹿来帮助他们做许多事情

斯德哥尔摩市政厅

翰逊"。斯堪的纳维亚人也有同样的习惯，只不过他们不是在名字后面加上"逊"字，而是加上"森"字，比如"埃里克森""奥勒森""彼得森""汉森""南森""阿姆德森"等。如果你居住在美国的威斯康星州或明尼苏达州，当你翻开一本电话簿，会发现上面有许多带有"森"字的名字。你猜得没错，确实有很多瑞典人和挪威人移民到了那里，我想这可能也是因为这两个州的环境与他们的祖国最相似吧。

挪威语中的很多单词与英语单词颇为相似。比如，挪威语的"灯"是"lampe"，而英语的"灯"是"lamp"；挪威语的"房子"是"hus"，而英语的"房子"是"house"；挪威语的"牛"是"ku"，而英语的"牛"是"cow"；等等。不过，这并不意味着挪威语模仿了英语，实际上，应该说是英语模仿了挪威语。我为什么会这么说呢？因为在很久很久以前，一批挪威水手到达了英国，还在那里定居了下来。几千年以后，英国人才形成了自己的语言，你甚至还能从这些语言当中找到一些挪威语的影子呢。

斯堪的纳维亚人曾经是非常勇猛的斗士，他们最爱喝一种叫蜂蜜酒的酒。别看这酒的名字如此甜美，实际上它却是烈性酒。彪悍的斯堪的纳维亚人甚至会用敌人的头骨来当酒杯。他们非常信仰神话中的神，比如雷神托尔以及战神蒂乌，他们还用各种神的名号命名了一周的7天。英语中表示星期几的单词，就是这些名字的变形。

你知道有一种叫"达纳"的炸药吗？它的发明者就是一个瑞典人。这个人死后留下了一大笔遗产，并且还留下了遗言，他希望这笔钱能够作为奖金，奖励那些为全人类做出过巨大贡献的人。无论他们来自哪个国家、是什么种族，只要为全人类做出过巨大贡献，都可以获得奖金。每年，评委们都要从那些对世界做出贡献的人当中选出贡献最大的人授予奖励。这个瑞典的发明家就是诺贝尔，而这个奖项就是有名的诺贝尔奖。许多知名的人物都获得过这个奖项，比如美国的罗斯福总统、威尔逊总统，以及一位名叫本奇的黑人，他们获得的都是诺贝尔和平奖。如果你也为世界做出了巨大的贡献，那么你也有机会获得诺贝尔奖，你觉得自己能做到吗？

新月国度

■ 土耳其

位于君士坦丁堡的圣索菲亚大教堂

无论你在地球上的哪个地方，你都能说你在东边，因为任何与它相邻的地方总有东西之分。比如美国就在中国的东边，欧洲在美国的东边。但是说到地球上真正的"东方"，就只有一个地方了，那就是位于欧洲东边的亚洲。亚洲是七大洲当中面积最大的大洲。

很久很久以前，人们都很相信神话故事。有这样一个神话故事：一个亚洲的神爱上了一个凡间的女孩，女孩叫作欧罗巴。但是神与人类之间是不能相爱的，于是，这个亚洲的神就变成一头白色的公牛，驮着欧罗巴离开了这个地方。他们一直跑，一直跑，来到了一个海峡边，他们跳下水继续前行，最后他们来到了一片新的大陆。后来，人们就用欧罗巴的名字命名了这片大陆——这就是欧洲大陆。

当然，有些人并不相信神话传说，他们认为"欧洲"的意思其实是"太阳落山的地方"，"亚洲"则是"太阳初升的土地"的意思。

刚才我所说的白牛与欧罗巴相遇的那个海峡，其实就是博斯普鲁斯海峡。"博斯普鲁斯"在希腊语中就是"公牛运输"的意思。

欧罗巴他们登陆的地方后来有了一座城市，千年以后，一位信奉基督教的罗马皇帝把首都从罗马迁到了这里，并以自己的名字命名了这座城市，叫作"君士坦丁堡"。

又过了一个漫长的千年之后，来自亚洲的土耳其人把这座城市占领了。当时，土耳其人的统治者叫"苏丹"。土耳其人并不信奉基督教，他们信奉伊斯兰教。

在距今很遥远的一个夜晚，君士坦丁堡附近出现了一队敌军，但是由于光线昏暗，人们丝毫没有发觉潜在的危机。就在这危急的时刻，一轮月亮从云朵后面冒出了头，人们借着月光发现了敌人。于是，这座城市才幸免于难。从此之后，"新月"成了一个特殊的符号，被土耳其人放在了各个地方，比如国旗上、教堂里。土耳其也有一个类似红十字会的协会，名叫红新月会，它与红十字会的区别就是：他们用的是月牙的标志，而红十字会用的是十字架的标志。

君士坦丁堡有一座世界上最大的基督教堂——圣索菲亚大教堂，早在土耳其人占领君士坦丁堡之前就已经存在了。你认识叫"索菲亚"的人吗？"索菲亚"可是一个不错的名字，因为它具有"聪明、智慧"的意思。在土耳其人占领这里之后，圣索菲亚大教堂——这座基督教堂就变成了伊斯兰教的清真寺，土耳其人把原有的十字架拆掉，换成了新月标志。如今，这座城市已经更名为"伊斯坦布尔"，拥有800多座清真寺。

你可能觉得还是它以前的名字更好听，可能也会想，既然它已经换了新的名字，干吗还要告诉我旧名字呢？这是因为它叫"君士坦丁堡"的时间要比叫

🌹 教堂附近的圣索菲亚广场

"伊斯坦布尔"的时间更长,而且前者更被人们所熟知,所以我才必须要告诉你。不过,我也不会再告诉你它叫"君士坦丁堡"之前的名字了,免得你又要记一个名字。如果你想知道,可以自己去查一查资料。

土耳其有一个叫作"金角湾"的海湾,就在伊斯坦布尔的旁边,它是博斯普鲁斯海峡延伸出来的一个牛角形的海湾。金角湾上坐落着一座大桥,名叫"加拉塔桥"。数一数你现在知道哪些桥吧,伦敦桥、布鲁克林大桥、里亚尔托桥、维琪奥桥……加拉塔桥拥有悠久的历史,是世界上最古老、最著名的桥之一。每天都会有许许多多不同国籍、不同种族、不同打扮的人穿行于此。

土耳其语比较复杂,它的文字看上去像速记符号一样,别说书写了,就连看懂都很难。土耳其语与欧洲国家的语言差别很大,后来土耳其也开始使用与英语相似的字母了,所有四十岁以下的人都要学习这种新的书写方法。

我刚才讲的都是以前的土耳其,如今,土耳其已经发生了很大的变化。以前,苏丹统治着土耳其,他拥有至高无上的权力,人们不能对他提出任何异议,只能完全服从。现在,土耳其的最高领导是由人民选举出来的,并且不能一人专政。过去,土耳其的女性出门前必须用面纱遮住脸;现在,她们和美国女性一样,拥有穿漂亮的裙子、戴好看的帽子的自由。土耳其曾经实行一夫多妻制,也就是说一个男人可以娶好几个妻子,每户都有一个专供妻子们居住的独立房屋,叫作"闺房"。

火鸡是感恩节的必备菜肴,你知道为什么在英语中,"火鸡"和"土耳其"是同一个单词吗?这是因为人们曾以为火鸡是从土耳其传来的,就如同"中国"与"瓷器"是同一个单词一样,人们也把"火鸡"和"土耳其"用一个词语来表示。不过,这其实是个误会,火鸡最早是从墨西哥传来的。

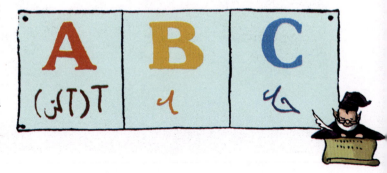

🔴 罗马字母(上)与阿拉伯字母(下)对比

《圣经》之地

■ 叙利亚/巴勒斯坦

以前，我在上宗教学校时，常常能听到一些出现在《圣经》中的城市名字，比如"耶路撒冷""伯利恒"等。那时候，我一直以为这些名字是虚构的，没想到这些城市竟然在现实生活中是真实存在的，而且还有人住在那里。因为《圣经》中很多故事的发生地就在这些地区，所以这些地区被人们称为"《圣经》之地"。"《圣经》之地"位于地中海的东部地区，它的北边是叙利亚，南边是巴勒斯坦。其中，巴勒斯坦被称为"圣地"。

叙利亚和巴勒斯坦有许多历史悠久的城市，其中不少在耶稣诞生之前就已经存在了。这些城市有的早已销声匿迹，有的留存至今。说到这里，就不得不提到一座城市，它就是曾出现在《圣经》中的最古老的城市——大马士革，它已经拥有几千年的历史了。

在大马士革，街道通常是笔直笔直的，被称为"直街"。街道两旁店铺林立，似乎还能找到一丝昔日"东方的购物天堂"的影子。这些店铺被称为"街市"，街市基本上都不大，有的甚至连一台钢琴都放不下，美国任何一家大型百货商店都能容纳这些街市。以前，大马士革没有机器，所以街市上卖的都是当地的手工制品，比如珠宝首饰、地毯、披肩、丝绸和刀剑等。现在，机器代替了手工，虽然有一些人依然采用手工制作，但这里卖的大多数商品都是机器生产的，并且还是在英国生产的。有些游客在大马士革买走了一些小纪念品，可回去之后竟然发现上面贴着"英国制造"的标签。

大马士革的街道

要在白纸上画画，就不能用白色的颜料；要在红纸上画画，就不能用红色的颜料，否则就看不到画的图案。这是连小孩子都知道的道理。但是在大马士革，却有一种神奇的布料，布料的颜色和布料上图案的颜色是一样的，你却还能看到清晰的图案。人们管这种布料叫"大马士革锦缎"。你可以在白色的锦缎上看到白色的图案，在红色的锦缎上看到红色的图案，十分神奇！如果你在家里找一找，或许能看到这种布料，不过我们在美国买到的这些锦缎都是机器制造的，并不是大马士革产的。

以前，大马士革还制造过一种精美的铁制饰品，饰品上镶嵌着金子或银子，上面的图案被称为"大马士革波状图案"，这些饰品通常被用来装饰刀剑。除此之外，大马士革制作刀剑的工艺水平也很高超，据说那些刀剑十分锋利，甚至可以削铁如泥。不过现在，这些刀剑已经不会被用于战争中，只能充当人们的配饰了。

巴勒斯坦位于叙利亚的南边，虽然国土面积不大，但是包含的区域非常广。因此，地图上通常只会标出一些比较重要的城市，如果把所有地方都标出来的话，那就全是密密麻麻的文字了。

现在的巴勒斯坦分为约旦河西岸和加沙地带两部分。约旦河西岸有八个省，分别是杰宁、图勒凯尔姆、纳布卢斯、杰里科、拉马腊、耶路撒冷、伯利恒和希伯伦。加沙地带有五个省，分别是北方省、加沙、代尔拜莱赫、汉尤尼斯和拉法。

巴勒斯坦的南部有一个湖。虽然是湖，但人们却把它称为"海"。它的名字叫"死海"。死海中没有任何生物，所以它才会叫这个名字。

与死海相反，加利利海中生活着大量的鱼类。传说，耶稣曾渡过加利利海，还在那里结交了许多渔民朋友，他说服那些渔民朋友教会别人捕鱼的技

🔵 死海中的盐分浓度很高，所以里面没有生物

巧，成为"福音传教士"。之后，那些渔民就成立了一个团体，并以鱼的图案作为团体的标志。耶稣的英文单词是"Christ"，巧合的是，希腊语中"鱼"这个词也是"ch"开头的。如今，加利利海中的鱼类资源依然丰富。

加利利海中有一条河流蜿蜒流入死海，这条河就是约旦河。《圣经》中记载，耶稣就是在这里接受洗礼的。来自世界各地的信徒都会慕名来这里接受洗礼，所以你能在这里看到许多神职人员。有时候，你还能看到许多信徒用瓶子将河中的"圣水"带回家，以便为家中的孩子进行洗礼。约旦河的流速很急，河水总是将岸上的泥土带入河中，所以这里的河水看起来十分混浊。但令人惊奇的是，约旦河流入死海后，死海依然会保持清澈，就像地中海一样蓝。

死海处于山谷的底部，由于地势很低，所以并没有河水流出。也就是说，死海只有流入的水，并没有流出的水。你是不是觉得很奇怪，这样的话，死海的水不是早就满溢了吗？其实，这种情况并不会发生，因为死海地区气候炎热、干燥，死海中的水很快就会蒸发掉。正因为如此，死海中的盐分才会越积越多，湖水也就越来越咸，甚至比海水还要咸呢！因为含盐量很高，所以人们在死海中可以浮起来，不会被淹死。不过，湖水也会刺激人的眼睛，所以死海并不适合游泳。

《圣经》中有两座最邪恶的城市，就坐落在死海边上，它们是所多玛和蛾摩拉。据说，上帝觉得这两座城市过于罪恶，就打算毁掉它们。在此之前，上帝把这件事告诉了罗得，让他带着自己的家人逃走，但无论发生什么事都不能回头看。结果在逃走时，罗得的妻子忍不住回头看了一眼，就变成了一根盐柱。如今，那里只留下了沙漠与盐堆。如果你去那里旅游，导游就会指着一根盐柱对你说："看，那就是罗得的妻子。"

罗得的妻子

● 罗得的妻子回头看了一眼，变成了一根盐柱

波斯猫的故乡

■ 伊朗

波斯猫是一种非常漂亮的猫，它的身形较大，身上的毛柔软又浓密。一看它的名字我们就能知道它的故乡在哪里，没错，就是波斯。下面，我们就来讲讲波斯。

曾经，波斯是世界上最强大的国家，不过，那也只是"曾经"而已，因为现在这个国家早已不存在了。提到波斯，可能有人听说过，却没有人知道它到底在哪儿，在地图上更是找不到"波斯"这个地方。不过，你可以在地图上找到一个叫"伊朗"的国家。你可能会纳闷，波斯怎么又跟伊朗扯上关系了？其实，在波斯语中，"伊朗"就是"波斯"。以前，我从没觉得家里会有来自波斯的东西，但就在我写这本书的时候，我突然从家中找到了许多和波斯有关的东西。

首先看看我的脚底下，我正踩着一条羊毛地毯，这条地毯就产自波斯。这是一条纯手工的地毯，上面的花纹非常漂亮。据说，编织一条这样的地毯至少需要花费几个月的时间，有的甚至需要花费一年或是几年的时间呢！为了编织出无比精美的地毯，有的波斯人还会用尽自己的一生。

我妻子现在正披着一条丝绸披肩，那也是波斯人的手工作品。波斯人有养蚕的习惯，蚕会结茧，茧上的丝可以纺成线，之后还可以根据自己的喜好把线染成各种颜色。最后，就可以编织披肩啦。

　　我妻子还有一件来自波斯的东西，那是一枚宝石戒指。那块宝石是一块蓝绿色的宝石，叫作绿松石，是属于12月份出生的人的诞生石。在许多东方国家，人们都很热衷佩戴这种宝石。据说，这种宝石可以让人们避开厄运，所以一些东方国家的人很喜欢佩戴它。

　　我妻子身边的波斯的东西远不止这些，在她的梳妆台上面，还摆放着一个小瓶，看起来像是香水，实际上是玫瑰精油。波斯的一些地区盛产优质的玫瑰，这些精油就是从玫瑰花瓣中提炼出来的。

　　再来看看我有哪些波斯的东西。我有一个领带夹，上面镶嵌着一颗珍珠，那颗珍珠就出自波斯湾海底的牡蛎身上。我在浴室穿的那双拖鞋，也是产自波斯的。我的桌上还有一盏叫"马兹达"的台灯，虽然它本身并非产自波斯，但却是根据波斯的神命名的。我的书架上放着的那本《鲁拜集》，它的作者就是一位波斯诗人，叫奥玛·海亚姆。

　　除此之外，就连我早饭时常吃的那种瓜也是源自波斯的。不仅如此，美国现在卖的所有瓜，最早也都是在波斯种植的。就连核桃、桃子等，也都是从波斯传到美国的。

　　如果我再养一只波斯猫的话，就能开个"波斯特产博物馆"了。

　　伊朗的国旗上画着一个太阳与一头狮子，因此，伊朗也被称为"狮子与太阳的国度"。之所以在国旗上画上太阳，是因为古时候波斯人很崇拜太阳，太阳就是他们至高无上的神。但是为什么狮子会出现在国旗上，我就不清楚了。除了崇拜太阳，波斯人也崇拜星星、月亮以及火。人们习惯称波斯人为"拜火教教徒"，但他们对自己有另外的称呼——"帕西人"。拜火教的主神是马兹达，我刚才提到过，我的台灯就是以他的名字命名的。在拜火教教徒看来，任何光明的事物都是美好的，而黑暗则象征着罪恶。现在，大部分伊朗人改信伊斯兰教了，只有

● 漂亮的波斯猫

伊朗中部城市亚兹德中最具代表性的一座清真寺

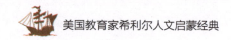

很少一部分人还信仰拜火教。

伊朗是一个环境非常好的国家，那里种植着许多香甜可口的瓜果和大量娇艳美丽的玫瑰。不过，也有一些地方环境比较恶劣，比如沙漠地区。一般而言，世界上的河流都是流向开阔的河道，越流越宽阔。不过，伊朗的河是个例外，它会越流越狭窄，直至干涸。伊朗还有许多山顶被冰雪覆盖的高山，积雪融化后会变成小溪顺着山顶流下，不过这些小溪流不了多远就会干涸。所以，伊朗并没有入海口。

众所周知，地底下能挖出许多种宝石，比如钻石、红宝石、绿宝石等。但是你知道吗，有一种宝石并不是来自地底下，而是来自大海。我想你肯定已经猜到了，那就是"珍珠"。

珍珠来自海里的牡蛎身上，它是由一粒沙子进入牡蛎身体后，被牡蛎分泌出的某种物质包裹而形成的。珍珠形成的时间很漫长，即便是一颗豌豆大小的珍珠，也需要四五年的时间才能形成。

世界上最漂亮的珍珠就产自波斯湾。通常，采集珍珠的人需要憋一大口气潜入水中，用最快的速度捡起牡蛎，憋不住气的时候再浮到水面上换口气，接着又要潜下去。你能憋多长时间的气呢？大概也就半分钟左右吧，但是那些采集珍珠的工人却能憋足一分钟，甚至更长的时间。这已经算是很长时间了，那些能憋气长达一小时的人，估计只会在故事中存在吧。

打捞珍珠是一项非常危险的工作，每天都会有工人在工作的时候死去，不是因为溺水，就是因为撞击，或者是被鲨鱼咬死。每年伊朗都会打捞上价值惊人的珍珠，这些都要归功于那些辛劳的工人。

打捞珍珠的人

世界上最冷的地方

■ 西伯利亚

你观察过温度计吗？如果你仔细观察温度计，就会发现上面标出的最低温度是-40℃。也就是说，温度一旦低于-40℃，温度计中的水银就会被冻住，显示不出正确的温度了。世界上确实有一些地方的温度是低于这个最低限度的，在那里，水银温度计就派不上用场。

你认为世界上最冷的地方是哪里呢？我想或许很多人会回答是北极，但其实，世界上最冷的地方是西伯利亚。

西伯利亚在"熊之国"俄罗斯的领土范围之内，冬季来临时，西伯利亚的北部地区就会像挪威和瑞典一样，有极夜的现象发生，整个冬天都不能看到太阳。不过，挪威和瑞典的温度并不像西伯利亚那么低，因为那里有墨西哥湾的暖流经过。西伯利亚则十分寒冷，我们平时使用的水银温度计在那里根本没法使用，必须使用一种特殊的温度计。你知道那里的最低温度是多少吗？-70℃！在那里，动物依靠自身厚实的皮毛过冬，人们也得用动物的毛皮把自己从上到下包裹起来，才能度过寒冷的冬季。

但是，并不是整个西伯利亚都如此寒冷，西伯利亚的中部和南部就相对温暖一些。西伯利亚的北部温度极低，并不适合人类居住，所以你在那里几乎看不到人，而且地下深达几米的土地都被冻结了，没有任何植物可以在那种环境下生存。最奇怪的是，到了夏季，那里的天气又会变得异常炎热，最热的时候，气温能达到30℃以上。这时，地表的土壤就会解冻，一些苔藓和其他植物就会生长出来，但深层的土壤依然是被冻住的。西伯利亚的面积比美国还要大，虽然它属于俄罗斯，但却生活着来自世界各地的人。

与北部地区相比，西伯利亚的中部要暖和得多，那里有广袤的大森林，森林里的居民很多，它们都是一些野生动物，如狐狸、野狼、貂等。貂是一种个头很小的动物，它的皮毛十分厚实、柔软、漂亮，除了尾巴尖上有一点点黑色以外，通常它的全身都是雪白的。貂还特别爱干净，总是保持着一身雪白的皮毛。正因为如此，它才成了人们捕捉的对象。人们会用貂的皮毛制作漂亮的大衣、披肩，不过，要很多张貂皮才能制作出一件大衣。法国国王穿着的正式的长袍，就是用白色的貂皮制成的。

在西伯利亚的南部地区，有一条跨越了整个西伯利亚的铁路，它就是西伯利亚大铁路。这条铁路的一头在俄罗斯的莫斯科，另一头在太平洋沿岸的海参崴，又称符拉迪沃斯托克。如果你想乘坐火车从莫斯科到达符拉迪沃斯托克，就要花上整整两个星期的时间。

西伯利亚的大多数居民都住在铁路沿线，但是也许你乘坐火车行进了几百千米，都看不到任何村庄，甚至一户人家。因为那些村庄并不会离铁路很近。在火车行驶的过程中，你还会发现铁路两旁堆积了许多木头，这些木头都是为火车提供前进动力的燃料。那里的火车烧的是木头，而不是煤炭。（译者注：现在的西伯利亚大铁路已经实现了电气化，早已不用烧木头了。）当你完成这段旅程后，你还会发现，西伯利亚很多城市的名字都是以"克"结尾的，比如鄂木斯克、托木斯克、伊尔库茨克等。

在西伯利亚，还流传着这样一个有趣的小故事：有一个人第一次来到西伯利亚，他想要去火车站，便问一个当地人火车站有多远，当地人告诉他："如果你一直向前走的话，那就有40000千米远，如果你转个身，只要走两个街区就到了。"

你觉得美国离西伯利亚有多远呢？几百千米吗？还是几千千米？或是几万千米？其实，美国和西伯利亚之间只有80千米左右的距离。只不过这段距离是从阿拉斯加州算起的，而不是从美国本土算起的。在阿拉斯加州与西伯利亚

西伯利亚大铁路贯穿俄罗斯东西，在高原山地蜿蜒，途经多个城市

之间隔着一条白令海峡，所以这80千米实际上就是隔着白令海峡的距离。如果世界上真的有巨人，那他一抬腿就能从美国跨到西伯利亚去了。如果这条河结冰了，人们也能从上面走过去。有人认为，很久以前居住在阿拉斯加州以及美国本土的因纽特人和印第安人就是从亚洲经白令海峡来到美洲的。准确地说，他们应该是从中国来的，因为他们看起来很像中国人。

第一次世界大战爆发之前，俄罗斯由沙皇统治，那个时候的俄罗斯叫俄国。当时，沙皇的统治十分残暴，人民必须百分之百地顺从他。如果有人敢抱怨或是反对沙皇，就会被流放到西伯利亚的矿区干活，远离亲朋和家乡。我们刚才说过了，西伯利亚的环境十分恶劣，并不适合人类居住，所以很多被流放到那里的人都没能活着回来，甚至还有不少人在去的路上就已经死掉了。

第一次世界大战爆发后，俄国国内也爆发了革命，沙皇的统治被推翻，布尔什维克开始领导俄国。以前的沙皇及其亲属，还有一些贵族都被处决了。同时，苏维埃政府还进行了多项改革，建立了学校、处死了地主，还把地主的土地分给人民。之后，他们还建立了工厂、商店，修建了铁路，成立了航空公司，建造了许多大坝等。

沙漠中的金字塔

■ 埃及

我们都知道，地球上一共有七个大洲。其中，亚洲的面积最大，其次就是非洲。

西方人都认为非洲是一个"挡道"的大陆，因为它把那些想要去亚洲的西方人都拦在了半路上。那些人要想到达亚洲，就不得不绕过非洲，并且他们从来也没想过要登上非洲这片土地去看一看。曾经有许多船只在非洲沿岸遇险，所以也很少有人能活着返回，给其他人讲一讲非洲的丛林，以及那里生活着的人和野生动物。对西方人来说，非洲大陆就如同"黑暗大陆"一般，他们对它一无所知，也不想去了解。当然，非洲大陆上也并不全是黑种人，那里也有白种人，白种人主要居住在非洲的边缘，靠近地中海的地方。在那个地区的南部，有一片无人穿越的巨大沙漠。非洲的东北部，也就是靠近亚洲和红海的地方，有一个非常古老的国家，叫埃及，这个国家拥有好几千年的历史。

你见过一百岁以上的人吗？我就见过，而且我见过的这个人至少有五千岁了，不要怀疑，他确实是一个真真正正的人，只不过他早已被风干了。我说的这个人，就是曾经统治过古埃及的法老。活着的时候，他非常担心自己死后会化作尘土，随风而逝，因为一旦化为尘土，他就不能在"审判日"那天重生。于是，他下令让下人们把自己死后的尸体用药水浸泡，之后再包裹上布条，最后把包裹好的尸体放到巨大的石山之下。这样，他的尸体就不会被人打扰，他就能完好地等待审判日的到来。那座巨大的石山是他生前就命人建造好的。尽管他安排好了一切，却没办法预料到以后会发生什么，也想象不到在很久很久之后，曾经万人景仰的法老会变成一具木乃伊，在博物馆的陈列架上供游客参观。如今，许多古埃及法老的木乃伊都被陈列在博物馆中。

刚才我们所说的"石山"，实际上叫作金字塔，也就是古埃及法老的陵寝。同时，它也是"世界七大奇迹"之一。金字塔的外墙是由光滑的石头砌成的，看起来十分整齐，但由于后人在建造新建筑时总是从这里取走一些石块，加上岁月的剥蚀，金字塔的表面早已变得坑坑洼洼，你甚至可以踩着那些凸出来的石块爬到金字塔的顶部。当初，那些法老在建造金字塔的时候，都希望自己的金字塔比之前的金字塔更大、更宏伟。古埃及最大的一处金字塔属于一个叫胡夫的法老，据说那是动用了上万人、花费了10年的时间才建好的。与其他金字塔一样，胡夫金字塔也是用石头建成的，塔中间有一个很小的空间，用来存放法老的尸体以及陪葬的物品。古埃及人相信，人死后会进入漫长的睡眠之中，当审判日来临时，死去的人就会重新复活。胡夫被安葬好后，人们将所有与外界相连的通道都封了起来，一点痕迹也没有留下，以防有人进入。即便如此，还是有人进来偷走了他的尸体以及陪葬品。假如有朝一日胡夫能够重生，他的灵魂恐怕也找不到自己的身体了。

在这些金字塔旁边，你还能看到一个巨大的狮身人面像。这座雕像也是用石头做的，它的头是埃及曾经的一位国王，身体则是狮子。古希腊神话故事中就有一个狮身人面的女妖，名叫斯芬克斯。她常常坐在路边，给路人出谜语："什么东西早上四条腿，中午两条腿，晚上三条腿？"如果路人猜不出来，就会被她吃掉。后来，终于有个人说出了正确答案："是人。早上就是人的小时候，不会走路只会爬，所以是四条腿；中午就是人长大以后，用两条腿走路；晚上象征人的老年，拄着拐杖走路，所以是三条

博物馆管理员在打扫卫生时，会把木乃伊挪开

腿。"神话中的斯芬克斯是女性，而埃及的狮身人面像是男性，他是埃及的太阳神。

狮身人面像和金字塔旁边有一条河，那就是埃及的母亲河——尼罗河。尼罗河中生活着许多鳄鱼。你听说过"鳄鱼的眼泪"这个说法吗？传说尼罗河中的鳄鱼很喜欢抓小男孩来吃，吃的时候还会流下眼泪，好像很伤心似的。所以，人们就用"鳄鱼的眼泪"来形容那些假慈悲的人。

埃及南北两个区域的气候差异很大，北部地区干旱少雨，南部地区雨水充沛。当雨水过多时，尼罗河就会泛滥，引发洪灾，洪水把周围的农田和村庄全部冲毁。但同时，雨水也会使土地变得肥沃，这种土地十分适合种植小麦和棉花。以前，尼罗河每到雨季就会泛滥，但平时河水又很浅，人们必须走下河岸才能打水。自从修建了阿斯旺水坝，人们就不用这么麻烦了。水坝不仅积水成湖，方便人们用水，而且还能在雨季的时候，防止洪灾的发生。阿斯旺水坝中还有一座神庙，它是因为无法搬走才留在那里的。

从亚历山大沿着河流往北走，你会到达一个叫开罗的城市。那里是埃及的首都，也是埃及乃至非洲最大的城市。如果你从飞机上往下看这座城市，会发现这里有许多圆圆的屋顶和形似蜡烛的尖塔，那就是清真寺。在开罗，大部分人都信奉伊斯兰教。

🔶 埃及的金字塔和狮身人面像

神秘的土地

■ 非洲

从南到北穿越撒哈拉沙漠的方式只有两种：一种是骑骆驼，另一种是坐飞机。如果选择骑骆驼，大概需要两个月的时间。那里既没有公路，也没有铁路，所以除了骑骆驼和坐飞机，你别无选择。撒哈拉沙漠南部的边缘有个地方，叫廷巴克图（译者注：现已改名为通布图）。美国人常说"像从卡拉马祖到廷巴克图一样"，卡拉马祖是美国密歇根州的一座城市，它到廷巴克图的距离十分遥远，所以这句话就用来形容两个地方相隔太远。人们要想穿越撒哈拉沙漠，到达地中海沿岸，就会把廷巴克图当作起点。同样，从地中海沿岸过来的人们也会选择廷巴克图作为终点。

撒哈拉沙漠气候干旱，雨水也很稀少，但在非洲南部的苏丹，雨水却非常充沛。

苏丹境内有一条尼日尔河，它辗转流经许多地方之后流入几内亚湾。几内亚湾附近有许多国家，其中有一个叫作利比里亚。利比里亚位于几内亚湾一个角，就像一个微型的美国。为什么这么说呢？因为它是仿照美国建立的。只不过，那里生活的都是黑种人。下面，我就具体给你讲一讲。

美国刚刚建立之时，劳动力匮乏，人们希望能有更多的人帮助他们做事情。海盗们觉得这是个发财的机会，便从非洲抓来了很多黑种人，卖给了美国的白种人，这些黑种人就成了白种人的奴隶。很早之前，海盗们也抢劫过海上的船只，并把船上的人当作自己的奴隶。如今，大部分的美国黑种人都是那个时候被掠夺来的奴隶的后代。后来，很多人都对这些黑种人奴隶心怀同情，觉得他们不应该被奴役，而是应该回到自己的家乡。于是，门罗在当选总统之后，实行了一些新的政策，恢复了一些黑种人的自由，并且用船把那些想回家的黑种人送回了故乡。

虽然黑种人的家乡不过是一片丛林，远不如美国繁华，但对于他们来说，那里才是真正的家。回家之后，黑种人就在那里建立了一个很小的国家，也就是利比里亚，意思是"自由的土地"。为了纪念那位给予他们自由的门罗总统，他们还把首都命名为"蒙罗维亚"。不仅如此，他们还用美国的一些地名来给自己的村庄取名字，其中有一个村庄叫"纽约"，还有一个村庄叫"费城"，这两个村庄最多只有几百人，远远比不上真正的纽约和费城。那些黑种人并没有忘记那个伤心之地，而是选择了模仿那里。

从利比里亚往南走就是赤道，非洲大陆上的第二大河——刚果河，正好流经赤道。位于赤道附近的非洲地区十分炎热，但雨水却很多，因此，那里的植物长得又快又茂盛，有些野草甚至长得比房子还要高。那里不仅有许多灌木、乔木，还有许多你连名字都叫不上来的植物，它们挤挤挨挨地长在一起，人们很难在当中行走。这个地方像极了位于赤道另一边的南美洲热带雨林。

100多年前，其他大洲的人对非洲大陆了解甚少，在他们眼中，非洲大陆就是一片充满着神秘气息的土地。他们对那里的了解也仅仅是道听途说，或是自己的猜测。传说中，那里有食人族，只要看到闯入的人就会把他们吃掉。而且，那里的环境也很糟糕，外来人在湿热的气候下非常容易发烧。

🔹撒哈拉沙漠

除此之外，那里还有一种可怕的苍蝇，叫作"舌蝇"，人只要被它轻轻咬上一口，就会染上嗜睡的疾病，一旦睡着之后就不会再醒来了。就算你非常幸运地避开了这些威胁，那里也还有凶猛的野兽，随时都会要了你的命。

后来，在苏格兰，有一个叫戴维·利文斯敦的小男孩出生了。他小的时候，也不过是一个普通的孩子，就像你我一样。可是，他十岁时就不再继续上学了，而是去了一家棉纺厂工作。每天他都要工作14个小时，从早上6点一直工作到晚上8点。但不论白天的工作多忙碌，晚上回到家，他都会看书学习。在他心底一直有个愿望，就是能为世界做出贡献，帮助那些生活潦倒、身患疾病的人。后来，凭借着自己的努力，他成了一名救死扶伤的医生。当时他最希望去的是中国，因为他认为中国人最需要帮助，为了传教，他还成了一名牧师。但是很可惜，他并没有去中国，而是被派到了非洲。

在他出发之前，人们都很担心他会死在那里——要么被致命的舌蝇咬死，要么死在猛兽的口中，要么喝了那里的水发烧而死。但利文斯敦并不害怕，他说："反正我迟早都会死的，至于死在哪里、怎么死的，一点也不重要。重要的是，我希望能在死之前为别人做一点事情。"于是，他毅然决然地出发了。

之后的30年中，他只回了苏格兰几次，其余大部分时间都是在非洲度过的。后来，他的家人失去了他的消息。很多人都认为他已经死在了非洲，但有些人坚信他还活着，他们拜托一位名叫斯坦利的记者到非洲寻找他。斯坦利顺利地抵达了非洲的西海岸，因为那里的黑人听不懂英语，他就只好用手势询问利文斯敦的下落。那些黑人都摇摇头，表示自己不知道，毕竟30年的时间太长了，知道利文斯敦的人或许都已经不在人世了。就在斯坦利快要放弃的时候，一个黑人告诉他，自己的爸爸提到过一个白人，那个白人离开这里向东走了。于是，斯坦利按照黑人的指引，来到了一片狭长的湖边，那片湖有个很长的名字，叫"坦噶尼喀湖"。在那里，斯坦利见到了一位年老的白人，他问："您就是利文斯敦医生吗？"这就像在火车站接人，凭借对方显著的特点就能很快认出他来。果然，那个老人就是利文斯敦。

斯坦利说明自己的来意，并劝利文斯敦同自己一块儿回去。但利文斯敦拒绝了他："不，我的事业在这里，我要帮助这里的人，为他们治病，让他们信仰上帝。但是，我希望我将来能埋葬在故乡。"最后，斯坦利只得自己回去了。

两年后，利文斯敦去世了，当时只有几个黑人陪在他的身边。那些爱戴他的黑人知道他的遗愿后，便替他完成了这个最后的心愿。他们对他的遗体做了防腐处理，用担架抬着他，走了1000多千米的路，花了两个月的时间走到了海边。在那里，他们用手势比划着恳求一艘路过的船只将利文斯敦带回老家。之后，利文斯敦的遗体被安放在威斯敏斯特教堂里，与许多名人安息在一起。

利文斯敦还有一个不得不说的贡献，就是描绘了非洲部分地区的地图，让许多人知道了那块地方。全世界最大的瀑布——维多利亚瀑布，也是利文斯敦发现的。这道瀑布非常宏伟壮观，比美国的尼亚加拉瀑布还要大两倍呢。维多利亚瀑布的水声格外响亮，在很远的地方都能听到。当时，利文斯敦听到了这道瀑布发出的声响，就问一个黑人那是什么，黑人告诉他，是"会发声的水雾"。因为当时正值维多利亚女王执政的时期，所以利文斯敦就以女王的名字命名了这道瀑布。维多利亚瀑布的位置就在赞比西河上，这条河的北部还有一片湖泊，叫维多利亚湖，那里就是尼罗河的源头。耶稣诞生前几千年，古埃及人就已经知道有一条尼罗河了，但他们并不知道这条河的源头在哪里，只相信它来自天堂。

🔵 壮观的维多利亚瀑布

动物的天堂

■ 非洲的动物

我想你肯定去过动物园吧？那你观看过马戏表演吗？假如动物们并不是关在笼子里，而是与我们生活在一起，那会是什么样呢？如果你对此十分好奇的话，我就偷偷告诉你，非洲位于赤道两侧的区域就是这样的地方。

狮子属于猫科动物中比较大型的种类，也是其中最凶猛的。在动物世界里，狮子可以算得上是最令人恐惧的动物之一，哪怕把它关在笼子里，它的吼声也足以让人心惊胆战，怪不得人们把它称为"动物之王"呢。你恐怕很难在众多动物当中找出一种不怕狮子的动物，可狮子却没有任何天敌。所以在自然界中，狮子随时可以优哉游哉地睡大觉，其他动物却得随时随地小心翼翼地生活，以避免被狮子捕食。

在我小的时候，爸爸告诉过我一种捕捉活鸟的方法，就是在鸟的尾巴上撒一些盐。但是我后来尝试过，这种办法根本不管用。用这招捕捉狮子就更没用了。猎人们捕捉狮子的方法，就是设陷阱。他们会在地上挖一个很深的坑，再在上面铺一些树枝和树叶，这样一个陷阱就做好了。狮子走过此处时，就会落入陷阱，此时再用一张结实的网就能把狮子捉住了。如果想猎杀狮子，猎人们就会事先躲在水塘附近，等到狮子来喝水时，再杀死它。有时候，猎人们也会把其他动物当作诱饵来诱杀狮子，就像用虫子作诱饵来钓鱼一样。他们常常用斑马当诱饵，这种动物体形不大，性格温顺，身上长着黑白相间的条纹。这些条纹很像长长的草投下的阴影，能帮助斑马不被天敌发现。猎人们会把"诱饵"放在路上吸引狮子，不过，"诱饵"也会引来鬣狗等其他动物。鬣狗也是一种食肉动物，它们不仅以腐肉为食，也会结群觅食捕猎。鬣狗的叫声很奇怪，听起来就像人的笑声。如果鬣狗被"诱饵"

🍃 犀牛

吸引过来，猎人们就会把它们吓走或者杀死，免得它们破坏了猎杀狮子的计划。

在丛林里，动物之间会互相厮杀，不是捕食别的动物，就是被其他动物捕食，或者是赶紧逃命。那里可没有维持秩序的警察。

我问你，丛林里最勇敢的动物是谁呢？狮子吗？不是，是猴子。

听到狮子的怒吼声，丛林里的动物都会吓得四散逃走，而最后才逃走的，往往是猴子。一般来说，猎人并不会猎杀猴子，因为猴子看起来很像小孩子，受伤时会哭泣；如果被子弹射中，它们还会像人一样，用手把子弹抠出来。看到这些情景，猎人们也会不忍心猎杀猴子。

动物之中有爱吃肉的，也有爱吃植物的，长颈鹿就是爱吃植物的动物。它有一根长长的脖子和四条细长的腿，一般它会伸长脖子去够高处的树枝和嫩叶。如果想喝水或是吃地上的草时，它就必须叉开四条腿，俯着身子才能吃到，看起来就像是一个大写的字母"A"。

动物也有属于自己的语言，那就是它们的叫声。小狗会"汪汪"叫，小鸡会"叽叽"叫，小猫会"喵喵"叫，牛会"哞哞"叫，羊会"咩咩"叫，鸭子会"嘎嘎"叫，青蛙会"呱呱"叫，猪会"哼哼"叫……有的是咆哮，有的是啼叫，有的像悲鸣，有的像大笑，有的像唱歌……但是，长颈鹿不会叫，它是一种不会发出任何声音的动物。

丛林中还有一种特别的动物，叫河马，虽然叫"马"，但它看上去却像一头猪。它的爱好也跟猪一样，就是在肮脏的泥巴里打滚。河马生活在水中，睡觉的时候，背部有一部分会露出水面，乍一看，还以为是一块大石头呢。当然，也有人会说它像一艘半潜在水中的潜水艇。

还有一种与河马有些相似的动物，叫作犀牛。如果你要我选出丛林中最丑的动物，那我肯定会选它。犀牛的块头很大，四条腿却短短的，鼻子上还长着一个或两个角，看起来十分笨拙。犀牛的皮特别厚，有时候连子弹也打不穿。相比之下，它的肚子更容易被射穿，只不过因为它的腿太短，你很难打到它的肚子。如果一个人的脸皮很厚，别人说什么他都听不进去，我们就会说他"脸皮厚得像犀牛皮一样"。我有一根神奇的棍子，它的弹性极好，随便你怎么弯曲都可以。我经常让别人猜这是用什么材料做的，大多数人猜是牛角或硬橡胶，但其实它是用犀牛皮做的。犀牛不仅眼睛小，还是个严重的"近视眼"呢。视力很差的人会戴眼镜，但是视力很差的犀牛可不会戴眼镜，那它怎么办呢？别担心，它可以依靠它的好朋友——犀鸟。犀鸟总是站在犀牛的背上，不仅为犀牛指引方向，还能帮它站岗放哨，一旦危险出现，犀鸟就会在第一时间提醒犀牛。

印度有大象，非洲也有大象，而且比印度的大象还要大。印度人饲养大象，非洲人射杀大象。印度人抓住野生大象，然后驯服它们为自己做事。非

洲人射杀大象，是为了得到象牙。非洲象的象牙很大，最长的有3米长，非常适合做钢琴的琴键。

如今，为了保护大象，越来越多的人开始抵制象牙制品。对于大象来说，这是一个好消息。人们用其他的材料作为替代品，发明出了一种人造象牙。人造象牙比真的象牙便宜很多，性价比也更高。真的象牙会越来越黄，甚至出现裂纹，但人造象牙不会。

在非洲，当地人的审美与美国人大不相同。他们觉得自己的黑皮肤才代表着健康，白人的皮肤看起来就像生了病似的，很不健康。在美国，女性都喜欢戴耳环，但是非洲的女性却喜欢把"耳环"戴在鼻子上。他们还会把"耳洞"打在嘴唇上，再把这些洞弄得越来越大，有的洞甚至大得足够穿过一根手指！

你或许听说过一个故事。有个可怜的小男孩，他从小就失去了父母，只能借住在吝啬的阿姨家。阿姨不给他饭吃，他就去外面找虫子吃。这个小男孩是因为没东西吃才吃虫子，而在非洲，一些土著人却把虫子视为美食。在他们眼中，蚂蚁和蝗虫都是美食，不仅可以生吃，还可以烤着吃。但有一样食物，不仅非洲人喜欢，美国人也喜欢，那就是西瓜。而且，西瓜的原产地就是非洲。

非洲人热爱音乐，他们最喜欢的乐器是手鼓。从名字上就能看出，手鼓是用手掌或拳头打击发声的乐器。非洲人可以不停地打几个小时的手鼓。手鼓的声音能够传到很远的地方，他们就是用这种方式向邻居传递信息的。

一个非洲土著

南方的国家

■ 澳大利亚/新西兰

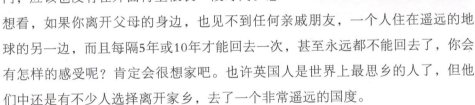

你体会过那种想家的感觉吗？如果没有的话，我想你应该没有出过远门，即便出过远门，应该也没有在外面待上很长一段时间。想想看，如果你离开父母的身边，也见不到任何亲戚朋友，一个人住在遥远的地球的另一边，而且每隔5年或10年才能回去一次，甚至永远都不能回去了，你会有怎样的感受呢？肯定会很想家吧。也许英国人是世界上最思乡的人了，但他们中还是有不少人选择离开家乡，去了一个非常遥远的国度。

在地球的某个地方，有一座很大的岛屿，同时，它也是一个独立的大洲。这个地方离英国很遥远，以前，人们从英国坐船去那里，需要花费长达半年的时间。即使是现在，船只也需要在海上航行一个多月，才能到达那里。最开始，这座岛上住着一群黑人土著。后来，岛上来了英国人，他们在这里建立了城市，开始统治这座岛屿。这座岛屿就是澳大利亚，意为"南方的国家"。美国位于赤道以北，澳大利亚位于赤道以南。两个国家的季节也不同，准确地说，是完全相反。当那里正值酷热的夏季时，美国是寒冷的冬天；当那里迎来了冬天时，美国又进入了夏季。澳大利亚与英国相距甚远，因此，英国人认为这里非常适合关押囚犯。囚犯被关在这里，既难以逃脱，又没有机会伤害到其他人。于是，他们便在这里建造了监狱。建好之后，这里便迎来了许多囚犯。自从来到这里，这些囚犯就很难有机会再回到英国，他们有的就因为太过思乡而死去。虽然身为囚犯，但他们也跟普通人一样，拥有思乡之情。

没过多久，英国人就发现这座岛还有新的利用价值。澳大利亚的中部地区是一大片沙漠，黄沙之下竟隐藏着金矿。金子就好像拥有魔法一样，把一大批年轻人从英国吸引到了澳大利亚，他们一点也不在乎那些潜在的危险，只想赶快实现自己的发财梦。但是等他们到了这里才知道，挖金子并不像想象中那么简单，而且成本还很高，一点也不划算。但是他们又不愿意就这样空着手回去，只好在这里寻找别的生财之道。澳大利亚的南部地区是一片草原，看起来十分适合放牧。那时，澳大利亚并没有牛和羊，于是英国人又从家乡运来了一些牛羊，但是那些远道而来的牛羊根本不吃这里的草。英国人查明原因之后才知道，原来是草的品种不同。即便如此，他们也没有放弃，他们想：第一次失败了，那就尝试第二次；第二次失败了，那就尝试第三次；只要肯尝试，就总会有成功的那一天。凭着这个信念，英国人又从家乡带来了草籽，在澳大利亚试着种植。最后，他们终于成功了，并且通过这种方式赚了很多钱。英国人没有想到，他们最终会以挖金矿之外的其他方式实现了自己的发财梦。

一切仿佛都朝着好的方向发展，但是突然有一天，奇怪的事情发生了——兔子成灾了。这件事的起因是：一个英国人从英国带来了一对宠物兔，后来，这两只兔子逃走了，它们开始在野外大量繁殖。一段时间以后，澳大利亚的兔子越来越多，远远多于那里牛羊的数量。这些兔子啃光了大片的草地，把属于牛羊的食物都给抢走了。因此，人们只好实施捕杀兔子的计划，但是杀死一百万只兔子之后，又会冒出来

几百万只兔子，就像《圣经》中埃及经历的那场瘟疫一样。后来，人们就在草原上围起了栅栏，企图拦住兔子，但是兔子仍然可以钻过栅栏。时至今日，澳大利亚的兔子也没能逃过被捕杀的命运，它们的肉被做成罐头，毛皮被制作成婴儿睡袋。可即便如此，那里仍然有许多

🟢 袋鼠

兔子，澳大利亚人恐怕永远也不能摆脱这些小东西了。

澳大利亚还有一种奇特的动物——袋鼠。它们长得跟人差不多高，可以用双腿站立，还有一条又粗又长的尾巴，那是它们的"第三条腿"。袋鼠的前腿又短又小，几乎派不上用场；它只用后腿奔跑，准确地说，是跳着走，一下子能跳得老远。最与众不同之处就是它的肚子前有个袋子，小袋鼠就躲在里面。

许多从澳大利亚航行回来的船员都说自己在那片海域见到过美人鱼。你应该也从童话故事中听说过吧？传说，美人鱼的上半身长得就像女人一样，但她们没有双腿，腰部以下是鱼的尾巴。其实，澳大利亚的西部海域确实生活着美人鱼。美人鱼用双手抱着自己的孩子，从远处看，真是美极了。但是离得近了你就会发现，美人鱼长得与童话故事中的完全不一样，非常难看。实际上，美人鱼是一种叫作海牛的动物。怎么样，你现在是不是觉得有点失望呢？

澳大利亚的首都是堪培拉，不过在此之前，墨尔本才是澳大利亚的首都。堪培拉的街道非常干净，房屋也很整齐，还有像华盛顿一样的国会大厦，整座城市的一切都是那么井井有条。澳大利亚另外一座重要的城市是悉尼。

澳大利亚的东南边有一个国家，叫新西兰。在地图上，你会发现新西兰与澳大利亚离得很近，但实际上，从澳大利亚乘船去新西兰需要四五天的时间。新西兰的北部地区生活着土著居民毛利人，他们说毛利语，信仰多种神明，崇拜领袖，能歌善舞。现在，他们受外来人的影响，大部分人都会说英语。

图书在版编目(CIP)数据

希利尔写给孩子的世界地理／（美）V.M.希利尔著；
王玥译. 一成都：天地出版社，2019.1
（美国教育家希利尔人文启蒙经典）
ISBN 978-7-5455-4277-6

Ⅰ.①希… Ⅱ.①V… ②王… Ⅲ.①地理—世界—儿
童读物 Ⅳ.①K91-49

中国版本图书馆CIP数据核字（2018）第239313号

希利尔
写给孩子的 ▶ 世界地理

XILI' ER XIEGEI HAIZI DE SHIJIE DILI

出 品 人	杨 政
著 者	[美] V.M.希利尔
译 者	王 玥
责任编辑	李红珍 江秀伟
责任印制	董建臣 张晓东

出版发行	天地出版社
	（成都市槐树街2号 邮政编码：610014）
网 址	http://www.tiandiph.com
	http://www.天地出版社.com
电子邮箱	tiandicbs@vip.163.com
经 销	新华文轩出版传媒股份有限公司

印 刷	河北赛文印刷有限公司
版 次	2019年1月第1版
印 次	2019年1月第1次印刷
成品尺寸	169mm×235mm 1/16
印 张	12
字 数	196千
定 价	31.60元（全2册）
书 号	ISBN 978-7-5455-4277-6